AI와 우주 탐사

AI문고

인공지능 시대입니다. 기계가 인간의 인지를 대신하고, 사물이 인간을 통하지 않고 다른 사물과 직접 커뮤니케이션합니다. 이에 따른 인간 삶과 문명 변화를 정확히 이해·예측·대응하는 것은 이 시대 우리 모두의 과제입니다. AI문고는 인공지능 기술과 환경의 여러 주제를 10가지 키워드로 정리합니다. 관련 개념과 이론, 학계와 산업계의 쟁점, 우리 일상의 변화를 다룹니다. 인간과 기술의 현재, 미래를 세심히 분석합니다.

일러두기

- 인명, 작품명, 저서명, 개념어 등은 한글과 함께 괄호 안에 해당 국가의 원어를 병기했습니다.
- 외래어 표기는 현행 어문규정의 외래어표기법을 따랐습니다. 다만 '딥 러닝', '딥임팩트', '딥스페이스', '딥 필터링' 등은 관행을 따랐습니다.

처음이세요?

전문가세요?

AI와 우주 탐사

안형준

대한민국, 서울, 커뮤니케이션북스, 2025

AI와 우주 탐사

지은이 안형준
펴낸이 박영률

초판 1쇄 펴낸날 2025년 9월 8일

커뮤니케이션북스(주)
출판 등록 2007년 8월 17일 제313-2007-000166호
02880 서울시 성북구 성북로 5-11
전화(02) 7474 001, 팩스(02) 736 5047
commbooks@commbooks.com
www.commbooks.com

ISBN 979-11-430-0695-0 03500

책값은 뒤표지에 표시되어 있습니다.

차례

AI와 함께 여는 새로운 탐사의 시대

태초부터 밤하늘의 별들은 인류에게 영원한 동경과 무한한 상상력의 원천이었다. 우리는 그 빛나는 점들이 품고 있는 비밀을 풀기 위해 신화를 만들고, 망원경을 발명했으며, 마침내 지구라는 요람을 벗어나려는 오랜 꿈을 실현하기 위해 거대한 로켓을 쏘아 올렸다. 달과 행성에 인류의 첫발자국을 새기는 이 장대한 물리적 탐험과 동시에, 우리는 또 다른 미지의 영역, 즉 우리 자신의 지성을 닮은 기계인 '인공지능(AI)'을 만들어 지적 탐험을 시작했다. 오랫동안 각자의 길을 걸어온 것처럼 보였던 이 두 위대한 여정, 즉 우주를 향한 물리적 확장과 지능을 향한 논리적 탐구는 이제 역사상 그 어느 때보다도 깊고 본질적인 방식으로 만나 인류 문명의 새로운 지평을 열고 있다.

차가운 진공과 수억 킬로미터의 침묵을 가로질러야 하는 우주 탐사의 본질적인 한계는 인간의 생물학적, 인지적 능력을 뛰어넘는 새로운 탐험가를 요구했다. 그리고 복잡계의 정점인 '지능'을 구현하려던 AI의 여정은 자신의 능력을 시험하고 존재 가치를 증명할 가장 거대하고 도전적인 무대를 필요로 했다. 이 책은 바로 이 두 거대한 흐름이 어떻게 서로를 이끌고, 변화시키며, 융합하여 우리가 상상하지 못했던 미래를 만들어 가고 있는지를 탐색하는 여정을 담았다. AI는 더 이상 먼 우주에서 보내오는 데이터를 처리하는 수동적인 도구에 머무르지 않는다. 스스로 판단하고 길을 찾는 자율적인 항해사이자, 붉은 행성의 혹독한 환경을 누비는 강인한 탐사 파트너이며, 인간의 눈으로는 결코 볼 수 없는 우주의 비밀을 페타바이트급 데이터의 바닷속에서 낚아 올리는 예리한 분석가다. 더 나아가 AI는 인간과의 교감으로 고립된 우주 비행사의 마음을 보살피는 따뜻한 동반자이자, 인간의 창의성에 도전하며 미래 우주 문명을 설계하는 창조적인 건축가로 진화하고 있다. 이 책은 바로 그 경이로운 진화의 순간들을 포착하고, 그 안에 담긴 기술적, 철학적, 문명사적 의미를 독자들과 함께 깊이 나누고자 한다.

도구에서 동반자로, 그리고 그 너머로

이 책이 탐구하는 AI와 우주 탐사의 융합은 단순한 기술의 발전을 넘어 인간과 기계의 관계를 근본적으로 재정의하고, 우주 속에서 인류의 존재 의미를 다시 생각하게 하는 심오한 질문들을 우리에게 던진다. 스탠리 큐브릭(Stanley Kubrick)의 영화 〈2001 스페이스 오디세이〉(1968)에 등장하는 AI '할9000(HAL 9000)'이 주었던 통제 불능 지능에 대한 원초적 공포는 이제 AI의 자율성 및 책임 소재와 관련한 현실적인 윤리·규범적 논의로 이어지고 있다. 창조주인 인간을 불완전하거나 비효율적인 존재로 판단하는 영화 속 피조물은, 기술 개발의 방향성과 인간 중심적 가치에 대한 깊은 성찰을 요구한다. 반면, 영화 〈인터스텔라〉(2014)의 '타스(TARS)'가 보여 준 헌신적인 파트너십은 우주라는 극한 환경에서 인간의 한계를 보완하고 함께 위기를 극복하는 이상적인 동반자 관계의 청사진을 제시한다. 그것은 단순한 유용성을 넘어 신뢰와 희생, 공동의 목표라는, 우리가 인간적인 관계에서 가장 기대하는 가치들을 기술과의 관계에서도 꿈꿀 수 있다는 희망을 보여 준다.

우리는 이 책을 통해 아폴로 시대의 컴퓨터가 어떻게 임무의 성패를 가르는 '판단'의 영역에 첫발을 내디뎠는지, '보이저(Voyager)' 탐사선이 어떻게 인간의 손길 없이 수십 년간 외로운 항해를 계속할 수 있었는지 그 여정을 되짚어 본다. 또한 화성 로버들의 진화를 통해 AI가 어떻게 주어진 명령을 수행하는 로봇에서 스스로 주변 환경을 학습하고 과학적 발견을 주도하는 '현장 과학자'로 성장했는지를 생생하게 추적한다. 나아가 스스로를 수리하고(self-repairing), 군집을 이루어 협력하며(swarm), 심지어 환경에 맞춰 진화하는(adaptive) 차세대 AI 로봇들이 어떻게 인류를 대신하여 새로운 문명을 건설하는 개척자가 될 수 있는지 그 경이로운 가능성을 탐색한다. 이러한 기술의 연대기를 따라가면서 AI라는 거울에 비친 우리의 모습은 무엇이며, 기계와 함께 우주로 나아가는 인류의 미래는 어떤 모습이어야 하는가에 대해, 이 책은 명확한 정답을 제시하기보다는 독자들이 이러한 질문들을 스스로에게 던지고 다가올 AI 우주 시대의 의미를 함께 성찰하게 하는 계기가 되었으면 한다.

책의 구성

이 책은 총 열 개의 장으로 구성되어 있으며, 전반적으로 과거, 현재, 미래순에 따라 AI 기술의 발전이 우주 탐사에 미친 영향을 포괄적으로 다룬다. 각 장은 독립적인 주제를 다루면서도 크게 세 개의 부분으로 유기적으로 연결되어 있다.

1장~3장에서는 AI와 우주 탐사의 역사적 만남부터 자율성이 고도화되는 과정을 다룬다. 냉전이라는 시대의 필연 속에서 두 위대한 여정이 어떻게 운명처럼 조우했는지 그 역사적 배경을 살펴보고(1장), 우주 왕복선의 성공과 실패, 그리고 화성 로버의 진화를 통해 AI가 점차 능동적인 파트너로 발전하는 과정(2장)을 추적한다. 이어서 딥스페이스 1호(DS1, Deep Space 1)와 같은 심우주 탐사선들의 사례를 통해 인간의 통제를 벗어나 스스로 임무를 수행하는 자율 시스템이 어떻게 우주 탐사의 지도를 넓혔는지(3장)를 조명한다.

4장~6장에서는 현대 우주 탐사를 혁신하는 AI의 역할에 초점을 맞춘다. 천문학 빅데이터라는 거대한 바다 속에서 외계 행성, 암흑 물질, 블랙홀의 비밀을 낚아 올리는 AI의 활약(4장)을 살펴보고, 군집 로봇, 자율 복구 로봇, 적응형 로봇 등 인류를 대신하여 우주를 개척할 차세대 AI 로봇들의 눈부신 진화(5장)를 탐구한다. 또 우주 기지, 위성, 탐사선 설계에 창의적인 해법을 제시하며 인간 설계자의 상상력을 증강하는 생성형 AI의 놀라운 가능성(6장)을 들여다본다.

7장~9장에서는 AI와 함께 여는 새로운 우주 시대의 철학과 비전을 논한다. 영화와 소설에 투영된 우리의 불안과 희망을 통해 AI와의 관계를 성찰하고(7장), 실제 유인 우주 탐사에서 극한의 고립을 견디는 인간을 위해 곁을 지키며 심리적, 신체적 동반자가 되어 가는 AI의 역할(8장)을 살펴본다. 마지막으로, 지금까지의 모든 논의를 종합하며 AI와 우주 탐사가 만들어 갈 미래 문명의 비전과 그 속에서 제기되는 인간 존재의 정의를 다시 묻는 근원적이고 윤리적인 질문(9장)을 던진다.

마지막 10장에서는 '한국의 우주 탐사와 AI'라는 주제로 시선을 돌린다. 누리호와 다누리의 성공을 바탕으로 세계 무대에 주목할 만한 우주 개발국으로 등장한 한국이 AI 기술을 통해 어떻게 우주 강국으로 도약할 수 있을지, 그리고 인류의 위대한 도전에 어떤 기여를 할 수 있을지에 대한 현실적인 비전과 건설적인 제언을 담았다.

이 책과 함께 떠나는 지적 탐험을 통해 독자들이 AI와 함께 우주로 나아가는 인류의 미래를 더욱 깊이 이해하고 상상하며, 그 위대한 여정의 의미를 함께 성찰하는 계기를 얻게 되기를 진심으로 바란다.

01
우주 탐사와 AI의 만남

머나먼 우주를 향한 인류의 오랜 열망, 그리고 지능을 가진 기계를 만들고자 했던 꿈. 이 두 위대한 여정은 20세기 중반, 각기 다른 지향점에서 출발했다. 한쪽에서는 밤하늘의 장막을 걷고 미지의 세계로 향하는 도전이 시작되었고, 다른 한쪽에서는 인간의 사고 과정을 닮은 기계를 구현하려는 탐구가 움트고 있었다. 그리고 마침내, 냉전이라는 격동의 역사 속에서 이 두 여정은 극적으로 조우하며 인류 문명의 새로운 지평을 열었다.

AI와 1인 창업?

스푸트니크 쇼크와 우주 경쟁의 서막

1957년 10월 4일, 카자흐스탄의 초원 깊숙한 곳에 자리한 바이코누르 우주 기지에서 거대한 불기둥과 함께 로켓이 하늘로 솟아올랐다. 그 로켓에 실린 것은 직경 58cm, 무게 약 83.6kg의 작은 알루미늄 합금 공, 바로 인류 최초의 인공위성, 소련의 스푸트니크 1호(Sputnik-1)였다. 스푸트니크는 별다른 기능 없이 그저 96.2분에 한 번씩 지구를 선회하며 "삡-삡-삡" 하는 단순한 신호음을 송출했을 뿐이지만, 그 신호는 지구 반대편 미국을 비롯한 전 세계에 엄청난 충격과 파장을 몰고 왔다. 당시 세계 최강국이라 자부하던 미국 사회는 경악과 함께 깊은 기술적 패배감에 휩싸였다. 이 사건은 단순한 기술적 경쟁을 넘어, 냉전 시대 이념 대결의 새로운 전선이 우주로 확장되었음을 알리는 신호탄이었다. 역사학자들은 이를 '스푸트니크 쇼크(Sputnik Shock)'라 부르며, 이 사건이 미국 사회와 정책 전반에 미친 지대한 영향을 강조한다(Launius & McCurdy, 1997).

당시 미국 대통령 드와이트 D. 아이젠하워(Dwight D. Eisenhower)는 국가적 위기감 속에서 과학 기술 교육의 혁신을 부르짖으며 국가과학재단(NSF) 등에 막대한 예산을 쏟아붓기 시작했다. 또한 1958년 소련의 도전에 응수하기 위해 미국항공우주국(NASA, National Aeronautics and Space Administration)을 창설하며 본격적인 우주 개발 경쟁에 뛰어들었다. 스푸트니크 이전에도 이미 미 육군과 해군에 위성 발사 계획이 존재했지만, 스푸트니크의 성공은 이러한 노력들을 국가적 차원에서 통합하고 가속하는 결정적 계기가 된 것이다. 경쟁의 불꽃은 1961년 존 F. 케네디(John F. Kennedy) 대통령이 1960년대가 끝나기 전에 인간을 달에 착륙시키고 무사히 지구로 귀환시킬 것이라는 아폴로 프로그램(Apollo Program)을 시작하면서 더욱 거세게 타올랐다. 달 유인 착륙이라는 담대한 목표는 단순한 정치적 구호가 아니라, 인류의 상상력과 과학 기술의 한계를 시험하는 거대한 도전의 시작을 알리는 서곡이었다(McDougall, 1985).

이처럼 우주는 더 이상 과학자들의 순수한 호기심이나 탐구의 영역에만 머무르지 않았다. 두 초강대국의 체제 우월성을 과시하고 군사적 패권을 다투는 치열한 각축장으로 변모했다. 그러나 동시에 이 경쟁으로 인류는 미지의 영역인 우주로 나아가기 위해 기존의 사고방식과 기술적 한계를 뛰어넘는 혁신적인 돌파구를 모색하게 되었다. 바로 이 상황에서, 당시 초기 단계였던 '인공지능(AI)'이라는 새로운 기술 분야도 우주 탐사의 무대에 서서히 그 모습을 드러내기 시작했다.

인공지능 탄생과 컴퓨터 시대의 시작

우주 경쟁이 숨 가쁘게 전개되던 그때, 또 다른 한편에서는 인류 지성사의 흐름을 바꿀 혁명적인 아이디어가 조용히, 그러나 강력하게 움트고 있었다. 그것은 바로 기계가 인간처럼 생각하고 학습하며 문제를 해결할 수 있도록 하자는, '인공지능(AI)'이라는 대담한 개념이었다. 이 개념이 공식적으로 세상에 이름을 알린 것은 1956년 여름, 미국 다트머스대학에서 열린 역사적인 워크숍(The Dartmouth Summer Project)에서였다. 젊은 수학자 존 매카시(John McCarthy)는 이 모임에서 처음으로 '인공지능(Artificial Intelligence)'이라는 용어를 제안하며, 인간의 지능적 행동을 기계로 모사하는 연구 분야의 탄생을 알렸다(Russell & Norvig, 2020).

다트머스 회의에는 매카시 외에도 마빈 민스키(Marvin Minsky), IBM의 너새니얼 로체스터(Nathaniel Rochester), 그리고 이미 '생각하는 기계'에 대한 선구적인 연구를 진행하고 있던 클로드 섀넌(Claude Shannon), 허버트 사이먼(Herbert Simon), 앨런 뉴얼(Allen Newell) 등 훗날 AI 분야의 선구자로 불리게 될 당대 최고의 젊은 과학자들이 모여들었다. 이들은 약 8주간 함께 머무르며 기계가 어떻게 논리적 사고, 추론, 문제 해결, 자연어 이해, 그리고 학습과 같은 고도의 지능적 기능을 수행할 수 있을지에 대해 띤 토론을 벌이고 아이디어를 교환했다(Nilsson, 2010). 이 워크숍은 비록 구체적인 성과물을 즉각적으로 내놓지는 못했지만, AI라는 새로운 학문 분야의 정체성을 확립하고 미래 연구의 방향을 제시하는 중요한 이정표가 되었다.

초기 AI 연구는 인간의 논리적 추론 과정을 컴퓨터 프로그램으로 구현하는 데 초점을 맞추었다. 예를 들어, 사이먼과 뉴얼은 이미 1955년에 '논리 이론가(Logic Theorist)'라는 프로그램을 개발하여 버트런드 러셀(Bertrand Russell)과 앨프리드 화이트헤드(Alfred Whitehead)의 《수학 원리(Principia Mathematica)》에 나오는 정리 중 일부를 증명하는 데 성공하기도 했다(Nilsson, 2010). 이렇게 초기 AI 시스템 개발은 제한된 규칙과 지식을 바탕으로 복잡해 보이는 문제를 기계적 논리와 알고리즘을 통해 해결하려는 시도였다. 이는 당시 진공관에서 트랜지스터로, 그리고 막 집적 회로(IC) 시대로 진입하던 컴퓨터 기술이 처리 능력과 메모리 용량 면에서 상당한 제약을 안고 있었기 때문이기도 하다.

그럼에도 이러한 이론적 연구와 초기 실험들은 기계가 지능을 가질 수 있다는 가능성을 세상에 알리고, 더 나아가 실질적인 적용 분야를 탐색하는 계기를 마련했다.

이 초기 AI 연구가 마주하게 된 가장 거대하고 도전적인 응용 분야가 바로 우주 탐사였다. 광활한 우주 공간을 항해하는 우주선의 궤도를 정밀하게 계산하고, 수시로 달라지는 수천 가지의 변수를 실시간으로 분석하여 최적의 결정을 내려야 하는 우주 임무는 초기 AI 연구자들이 자신들의 이론을 시험하고 발전시키기에 더할 나위 없이 매력적인 실용적 환경을 제공했다. 특히 1960년대 NASA의 아폴로 프로그램이 본격적으로 궤도에 오르면서, 초기 AI 연구자들은 자신들의 아이디어와 시스템을 인류 역사상 가장 위대한 도전 중 하나에 접목할 절호의 기회를 얻게 되었다. 당시 우주선에 탑재될 컴퓨터 시스템은 단순히 사전에 입력된 명령을 수행하는 계산기를 넘어 예측 불가능한 우주 환경의 복잡한 변수와 돌발 상황에 능동적으로 대처할 수 있는, 어느 정도의 '지능적' 판단 능력이 절실히 요구되었다(Mindell, 2008).

아폴로 프로그램과 보이저 탐사선

1960년대 말, 케네디 대통령의 약속을 현실로 만들기 위한 인류의 담대한 도전, 아폴로 프로그램이 클라이맥스를 향해 치닫고 있었다. 이 거대한 프로젝트의 성공 여부는 수많은 기술적 난제들을 해결하는 데 달려 있었고, 그중에서도 핵심적인 역할을 수행한 것이 바로 '아폴로 유도 컴퓨터(AGC, Apollo Guidance Computer)'였다. MIT(Massachusetts Institute of Technology)의 계측 연구소(Instrumentation Laboratory)에서 개발한 AGC는 사령선과 달 착륙선에 각각 탑재되어, 항법, 유도, 제어라는 핵심 임무를 수행했다(Launius & McCurdy, 2018: Ch.3).

AGC의 성능은 2K 램(RAM)에 1MHz 처리 속도로, 오늘날의 휴대용 전자계산기 수준에 불과했다. 그러나 AGC는 달을 향한 복잡한 비행 궤도를 실시간으로 계산하고, 우주선의 자세를 제어하며, 엔진 분사와 같은 결정적인 기동을 정확하게 수행해 냈다. 특히 1969년 7월 20일, 아폴로 11호의 달 착륙선 이글(Eagle)호가 달 표면으로 하강하던 극적인 순간, AGC의 진가는 유감없이 발휘되었다. 착륙 직전, 갑자기 착륙 레이더와 랑데부 레이더가 동시에 작동하면서 컴퓨터에 과부하가 걸렸음을 알리는 경고 신호가 울렸다. 만약 이때 컴퓨터가 작동을 멈췄다면 인류 최초의 달 착륙 시도는 실패로 돌아갔을

지도 모른다. 그러나 MIT 소프트웨어 엔지니어링 팀이 설계한 AGC의 운영 체제는 이러한 상황을 예측하고, 미리 정의된 우선순위에 따라 중요하지 않은 작업은 잠시 보류하고 핵심적인 착륙 제어 임무에 모든 자원을 집중하도록 프로그래밍되어 있었다. 덕분에 닐 암스트롱(Neil Armstrong)과 버즈 올드린(Buzz Aldrin)은 무사히 착륙지인 '고요의 바다'에 발을 내디딜 수 있었다. 이는 비록 현대적인 의미의 AI와는 거리가 있지만, 시스템 스스로 문제를 진단하고 우선순위를 판단하여 자율적으로 대처한, 초기 형태의 지능적 판단 능력을 실질적으로 검증한 역사적인 사례로 평가된다.

아폴로 프로그램의 눈부신 성공 이후, 인류의 우주 탐험은 태양계 외곽으로 그 영역을 확장했다. 1977년 발사된 보이저(Voyager) 1호와 2호는 심우주 탐사에서 초기 AI 기술의 가능성을 한 단계 더 끌어올린 기념비적인 탐사선이다. 지구에서 수십억 킬로미터 떨어진 머나먼 우주 공간에서는 빛의 속도로도 수십 분에서 수 시간이 걸리는 통신 지연 때문에 실시간 원격 조종이 거의 불가능하다. 따라서 보이저 탐사선들은 사전에 정교하게 설계된 '고장 방지 알고리즘(Fault Protection Algorithms)'과 같은 자동화된 논리 판단 시스템을 탑재하여, 예상치 못한 문제가 발생했을 때 스스로 상황을 진단하고 복구하며 인간의 개입 없이도 독립적으로 주요 결정을 내릴 수 있도록 만들어졌다. 예를 들어, 특정 과학 장비에 오류가 감지되면 시스템은 자동으로 해당 장비를 껐다가 다시 켜거나, 백업 시스템으로 전환하고, 지구 관제소에 상황을 보고하는 일련의 과정을 자율적으로 수행했다. 또한 목표 행성에 근접했을 때 어떤 관측 장비를 우선 가동하고, 어떤 데이터를 수집할지, 불필요한 관측은 어떻게 생략할지 등을 판단하여 탐사 계획을 능동적으로 조정하는 기능도 갖추고 있었다. 이러한 보이저 탐사선의 뛰어난 자율성은 목성, 토성, 천왕성, 해왕성을 차례로 탐사하며 수많은 과학적 발견을 이루어 내고, 40년이 훌쩍 넘는 지금까지도 태양계를 벗어나 성간 공간을 향해하며 인류에게 귀중한 데이터를 보내올 수 있게 하는 원동력이 되었다(NASA).

이처럼 AGC의 제한적이지만 결정적이었던 자율적 판단 능력과 보이저 탐사선의 진일보한 자동화 및 고장 대처 능력은 초기 AI 기술이 우주 탐사라는 극한 환경에서 얼마나 중요한 역할을 할 수 있는지를 명확히 보여 주었다. 이는 단순히 인간의 작업을 돕는 편리한 도구를 넘어, 인간의 직접적인 통제가 미치기 어려운 상황에서 기계가 스스로 판단하고 문제를 해결하며 임무를 지속할 수 있는 새로운 가능성의 문을 활짝 열어젖힌 것이었다. 당시의 기술은 분명 제한적이었고, 이들 시스템이 보여준 지능적 행동 역시 현대 AI의 정교함에는 미치지 못했지만, 이 작은 씨앗과 같은 출발이 있었기에 오늘날 우리는 화성에서의 자율 로버 운용이나 소행성 자동 샘플 채취와 같이 더욱 복잡하고 고도화된 AI 기반 우주 탐사를 상상하고 실현할 수 있게 된 것이다. 1950년대부터 1970년대에 걸친 초창기 우주 탐사와 AI 기술의 만남은 단순한 기술적 융합을 넘어, 인간의 존재론적 한계를 극복하고 문명의 지평을 우주로 확장하려는 인류의 위대한 열망이 만들어 낸 감동적인 역사적 사건이었다.

참고문헌

Launius, R. & McCurdy, H.(1997). *Spaceflight and the Myth of Presidential Leadership*. University of Illinois Press.

Launius, R. & McCurdy, H.(2018). *NASA Spaceflight: A History of Innovation*. Palgrave Macmillan.

McDougall, W.(1985). *The Heavens and the Earth: A Political History of the Space Age*. Basic Books.

Mindell, D. A.(2008). *Digital Apollo: Human and Machine in Spaceflight*. MIT Press.

NASA(n.d.). Voyager 1 and Voyager 2 Science: Voyager's

30-Year Plan.
https://science.nasa.gov/mission/voyager/science/

Nilsson, N.(2010). *The Quest For Artificial Intelligence: a History of Ideas and Achievements.* Cambridge University Press.
https://ai.stanford.edu/~nilsson/QAI/qai.pdf

Russell, S. J. & Norvig, P.(2020). *Artificial Intelligence: A Modern Approach(4th ed.).* Pearson.

02
AI와 우주 탐사의 혁신적 도약

1980년대부터 2000년대에 이르는 시기는 우주 탐사 역사에서 눈부신 혁신과 성취가 연이어 터져 나온 황금기였다. 인류는 달을 넘어 화성과 그 너머 심우주로 시선을 돌렸고, 이러한 담대한 도전을 가능하게 한 핵심 동력 중 하나가 바로 비약적으로 발전한 컴퓨터 기술과 AI였다. 우주 왕복선 시대를 거쳐 화성 로버들이 붉은 행성을 누비기까지, AI는 단순한 계산 도구에서 우주 탐사의 능동적인 파트너로 진화했다.

AI와 MBTI?

새로운 시대를 연 우주 왕복선과 AI의 만남

1981년 4월 12일, 미국의 컬럼비아(Columbia)호가 플로리다 케네디우주센터(Kennedy Space Center)의 발사대를 박차고 하늘로 솟아올랐다. 이는 단순한 우주선 발사가 아니었다. 인류 최초의 재사용 가능한 유인 우주선, 즉 '우주 왕복선(Space Shuttle)' 시대의 개막을 알리는 역사적인 순간이었다. 아폴로 계획처럼 한 번 사용하고 버려지던 로켓과 우주선의 시대를 마감하고, 마치 비행기처럼 우주를 왕복하며 물자와 인력을 수송하는 경제적이고 효율적인 우주 운송 시스템을 구축하려는 혁신적인 시도였다(Launius & McCurdy, 2018). 이 거대한 혁신의 심장부에는 인간 조종사의 숙련된 기술뿐만 아니라, 당시로서는 최첨단이었던 컴퓨터 시스템과 정교한 자동화 알고리즘이라는 보이지 않는 '기계적 파트너'가 깊숙이 자리 잡고 있었다.

우주 왕복선의 복잡다단한 비행 과정, 즉 지구 중력을 뿌리치고 궤도에 오르는 이륙 단계부터, 우주 공간에서의 임무 수행, 그리고 대기권 재진입과 활주로 착륙에 이르는 전 과정은 고도로 발달된 컴퓨터 제어 시스템의 강력한 지원 없이는 불가능했다. 왕복선에 탑재된 IBM의 AP-101 계열 컴퓨터 시스템은 핵심적인 역할을 수행했다. 이 시스템은 여러 대의 컴퓨터가 서로를 백업하는 다중화(redundancy) 설계를 통해 초당 수십만 회의 연산 능력으로 비행 중 발생하는 수많은 변수를 실시간으로 처리하며 정밀한 궤도 유지, 자세 제어, 그리고 각종 시스템의 상태 감시 및 비상 대응을 책임졌다(Tomayko, 1988). 물론 숙련된 우주 비행사들이 수동으로 우주선을 조작할 수도 있었지만, 실제로는 발사 카운트다운 직후부터 궤도에 안착하기까지, 그리고 귀환 과정의 많은 부분이 컴퓨터의 자동 제어하에 이루어졌다.

그러나 우주 왕복선 프로그램의 역사는 이러한 기술적 성공과 함께 뼈아픈 실패의 기억 또한 안고 있다. 1986년의 챌린저(Challenger)호 참사와 2003년의 컬럼비아호 참사는 우주 탐사의 내재된 위험성과 시스템의 복잡성을 전 세계에 각인한 비극이었다. 챌린저호는 발사 시 오링(Oring)의 기능 결함과 그 위험성에 대한 인지 부족 및 의사 결정 과정의 문제로, 컬럼비아호는 이륙 시 외부 연료 탱크 단열재 파편으로 인한 기체 손상으로 공중 분해되는 참사를 맞았다(Launius, 1994). 이 재앙들은 직접적인 온 보드(on-board) 컴퓨터 시스템이나 AI의 오작동으로 발생한 것은 아니었지만, 아무리 정교한 자동화 시스템이라 할지라도 우주선이라는 거대한 유기체의 모든 구성 요소(기계적, 전자적, 그리고 인간적 요소까지 포함하여)가 완벽하게 상호 작용하지 않는 한 치명적인 실패로 이어질 수 있음을 극명하게 보여 주었다. 즉, 자동화 시스템은 설계된 범위 내의 예측 가능한 비상 상황에는 효과적으로 대응할 수 있었으나, 시스템 외부의 심각한 물리적 손상이나 설계 단계에서 충분히 예견되지 못한 근본적인 위험 요소까지 실시간으로 완벽하게 감지하고 대처하는 데는 명확한 한계가 있었던 것이다.

AI의 새로운 지평을 연 화성 탐사

우주 왕복선이 지구 저궤도에서 활약하며 우주 활동의 일상화를 이끌었다면, 인류의 탐사 본능은 태양계의 더 깊숙한 곳, 특히 생명체 존재 가능성으로 끊임없는 호기심을 자아내던 붉은 행성 화성으로 향했다. 1997년 7월 4일, 미국의 독립 기념일에 맞춰 화성의 '아레스 발리스(Ares Vallis)' 평원 위에 전자레인지 크기의 인류 최초 이동형 탐사 로봇, '소저너(Sojourner)'가 성공적으로 안착했다. 소저너는 스스로 주변 환경을 인식하고, 위험한 장애물을 식별하여 우회하며, 다음 이동 경로를 계획하는 제한적이지만 핵심적인 자율 항법 능력을 갖춰야 했다. 지구와 화성 간의 전파 도달 시간은 편도만 해도 최소 4분에서 최대 24분에 달해 지구 관제 센터에서 실시간으로 조종하는 것이 불가능했기 때문이다. 따라서 소저너는 스테레오 카메라로 주변 지형을 3차원으로 인식하고, 내장된 행동 제어 소프트웨어(Behavior Control Software)를 통해 위험 회피, 목표 지점 이동 같은 일련의 자율적인 행동 규칙에 따라 임무를 수행했다. 이는 AI가 미지의 외계 행성 표면에서 인간의 직접적인 지시 없이 독자적으로 판단하고 움직인 최초의 사례로, 이후 화성 로버 탐사의 기본 패러다임을 제시했다(Braun & Manning, 2007).

이러한 소저너의 성공적인 기술 시연에 힘입어 미국 항공우주국(NASA, National Aeronautics and Space Administration)은 2004년 더욱 크고 정교하며 야심 찬 쌍둥이 로버, '스피릿(Spirit)'과 '오퍼튜니티(Opportunity)'를 화성으로 보냈다. 이들 로버는 소저너보다 훨씬 진보된 AI 기능을 탑재하여 화성 탐사의 새로운 지평을 열었다. 두 로버는 태양광을 동력원으로 사용했는데, 화성의 예측 불가능한 날씨, 특히 거대한 먼지 폭풍은 태양 전지판의 효율을 급격히 떨어뜨려 임무 수행에 치명적인 위협이 될 수 있었다. 스피릿과 오퍼튜니티는 이러한 환경에 적응하기 위해 AI 기반의 정교한 전력 관리 시스템을 갖추고 있었다. 예를 들어, 로버는 태양 전지판에 쌓인 먼지의 양을 스스로 감지하고 가용 전력량을 예측하여 그날의 활동 계획(이동 거리, 과학 장비 사용 시간 등)을 자율적으로 조절했다. 심지어 전력 상태가 위험 수준으로 떨어지면 스스로 '동면 모드'에 들어가 에너지 소비를 최소화했다가 바람이 불어 먼지가 걷히거나 햇빛 조건이 좋아져 전력 생산량이 회복되면 다시 활동을 재개하는 놀라운 생존력을 보여 주었다(NASA JPL, 2019).

특히 오퍼튜니티는 당초 예상 임무 기간이었던 90솔(화성의 하루 단위, 약 92.5 지구일)을 훌쩍 뛰어넘어 무려 14년 이상(2018년 통신 두절까지) 화성 표면을 누비며 수많은 과학적 발견을 이뤄 냈다. 이는 부분적으로 화성의 바람이 주기적으로 태양 전지판의 먼지를 청소해 준 '행운' 덕분이기도 했지만, 근본적으로는 로버 스스로 자신의 상태를 진단하고, 제한된 자원을 효율적으로 관리하며, 바퀴 고장이나 메모리 오류 같은 예기치 않은 문제가 발생했을 때 지구 관제 팀과 협력하여 창의적인 해결책을 찾아내는 고도의 자율성과 적응 능력 덕분이었다.

큐리오시티와 퍼서비어런스

스피릿과 오퍼튜니티가 화성에서 물의 흔적을 찾는 데 크게 기여하며 AI 로버의 가능성을 확장했다면, 2012년 8월 6일 화성 게일 분화구(Gale Crater)에 성공적으로 착륙한 '큐리오시티(Curiosity)' 로버는 AI 기술을 한 차원 높은 수준으로 끌어올리며 화성 과학 탐사의 새로운 시대를 열었다. 이전 로버들이 주로 지질학적 특징을 관찰하고 간단한 분석을 수행하는 데 그쳤다면, 큐리오시티는 마치 움직이는 정교한 화학 실험실과 같았다. 이 거대한 로버(소형차 크기)의 가장 큰 특징 중 하나는 '화성 시료 분석기(SAM, Sample Analysis at Mars)'라는 복잡한 장비를 탑재했다는 점이다. SAM은 화성의 암석이나 토양 시료를 채취하여 내부의 오븐에서 가열한 뒤, 방출되는 가스를 분석하여 유기 화합물과 같은 생명체의 흔적을 찾을 수 있는 강력한 도구다. 중요한 것은, SAM을 이용한 실험 과정의 상당 부분이 AI의 판단에 따라 자율적으로 진행된다는 점이다. 예를 들어, 로버는 과학 성과 극대화를 위한 자율 탐사(AEGIS, Autonomous Exploration for Gathering Increased Science)라는 시스템을 활용해 주변 환경 데이터를 분석하고 과학적으로 흥미로운 암석을 스스로 식별하며, 드릴로 시료를 채취한 뒤 SAM 장비로 옮겨 분석하는 일련의 과정을 인간의 개입 없이, 또는 최소한의 개입으로 수행할 수 있다(NASA JPL, 2012; Estlin et al., 2012).

또한 큐리오시티는 카메라로 촬영한 이미지를 분석하여 특정 광물이나 지질 구조를 식별하고, 이를 기반으로 다음 탐사 목표를 추천하거나 우선순위를 정하는 등 과학적 판단 과정에도 AI를 적극적으로 활용한다. 예를 들어, 켐캠(ChemCam)이라는 레이저 분광기는 암석에 고출력 레이저를 발사하여 기화된 암석 성분을 분석하는데 이때 AI는 어떤 지점에 레이저를 발사하고 어떤 데이터를 수집할지 결정하는 데 도움을 준다. 이러한 능력 덕분에 큐리오시티는 인간 과학자들이 미처 예상하지 못했던 새로운 발견을 하거나, 제한된 시간과 자원 내에서 탐사 효율을 극대화할 수 있었다.

그리고 이러한 AI 파트너십의 정점은 2021년 2월 18일, 화성 '예제로 분화구(Jezero Crater)'에 안착한 '퍼서비어런스(Perseverance)' 로버와 함께 찾아왔다. 퍼서비어런스는 큐리오시티의 성공적인 설계를 기반으로 더욱 향상된 AI 기능과 새로운 과학 장비들을 탑재했다. 그 임무의 핵심 중 하나는 고대 생명체의 흔적을 찾고, 화성 표면의 암석과 토양 시료를 채취하여 특수 용기에 밀봉

한 뒤 지구로 가져오는 최초의 '화성 시료 귀환(Mars Sample Return)' 미션의 첫 단계를 수행하는 것이었다. 이처럼 복잡하고 중요한 임무를 수행하기 위해 퍼서비어런스에는 이전 로버들은 상상할 수 없었던 수준의 자율 기능이 탑재되었다.

가장 대표적인 기술이 바로 '지형 상대 항법(TRN, Terrain Relative Navigation)' 시스템이다. 과거 화성 착륙선들은 착륙 예정 지점 주변 수십 킬로미터 범위 내에 무작위로 떨어지는 방식이었지만, TRN은 로버가 하강하는 동안 카메라로 지표면을 실시간 촬영하고, 이를 저장된 지도 데이터와 비교하여 자신의 정확한 위치를 파악한다. 그리고 만약 착륙 예상 지점에서 바위나 절벽 같은 위험한 장애물이 감지되면, 스스로 안전한 착륙 지점을 찾아 비행 경로를 수정하여 정확하고 안전하게 착륙할 수 있도록 한다(NASA JPL, 2021). 이 기술 덕분에 퍼서비어런스는 과거에는 접근하기 어려웠던, 복잡하고 과학적으로 흥미로운 지역인 예제로 분화구의 삼각주에 정확히 착륙할 수 있었다. 또한 퍼서비어런스는 인류 최초의 외계 행성 동력 비행체인 소형 헬리콥터 '인제뉴어티(Ingenuity)'와 함께 임무를 수행하며, AI 기반 자율 비행 및 로버의 협력 탐사라는 새로운 가능성을 열었다. 인제뉴어티는 퍼서비어런스로부터 독립적으로 비행 경로를 계획하고 자율적으로 비행하며, 촬영한 이미지를 퍼서비어런스나 지구 관제소로 전송하여 다음 탐사 경로를 계획하는 데 중요한 정보를 제공한다. 이는 마치 인간 탐험가와 드론 정찰대가 협력하는 것처럼, 로버와 헬리콥터가 AI를 매개로 유기적으로 협력하는 모습을 보여 준다.

큐리오시티와 퍼서비어런스의 사례는 이제 AI가 우주 탐사에서 단순히 인간의 보조 역할을 수행하는 것을 넘어 탐사 목표를 공유하고 핵심적인 의사 결정에 참여하며 때로는 인간보다 더 빠르고 효율적으로 임무를 수행하는 '진정한 파트너'로 자리매김했음을 보여 준다. AI 시스템은 인간이 직접 접근하거나 실시간으로 대응하기 어려운 미지의 우주 환경에서 자율적이고 창의적으로 대처하며, 인류의 우주 개척이라는 위대한 여정에 없어서는 안 될 핵심 동력으로 진화하고 있는 것이다.

참고문헌

Braun, R. D. & Manning, R. M.(2007). Mars Exploration Entry, Descent, and Landing Challenges. *Journal of Spacecraft and Rockets, 44*(2), pp.310~323.

Estlin, T. et al.(2012). AEGIS Automated Targeting for the MER

Opportunity Rover. NASA JPL. https://ai.jpl.nasa.gov/public/documents/papers/estlin-acmtist2014-aegis.pdf

Launius, R.(1994). *NASA: A History of the U.S. Civil Space Program*. Krieger Publishing Company.

Launius, R. & McCurdy, H.(2018). *NASA Spaceflight: A History of Innovation*. Palgrave Macmillan.

NASA JPL(2012). Curiosity Rover Mission Overview. https://www.jpl.nasa.gov/missions/mars-science-laboratory-curiosity-rover-msl/

NASA JPL(2019). Mars Exploration Rovers: Spirit and Opportunity. https://science.nasa.gov/mission/mars-exploration-rovers-spirit-and-opportunity/

NASA JPL(2021). Mars 2020 Perseverance Rover Landing Press Kit. https://www.jpl.nasa.gov/news/press_kits/mars_2020/landing/

Russell, S. & Norvig, P.(2020). *Artificial Intelligence: A Modern Approach(4th ed.)*. Pearson.

Tomayko, J. E.(1988). *Computers in Spaceflight: The NASA Experience*. NASA Archive. https://archive.org/details/nasa_techdoc_19880069935/page/n9/mode/2up

03
자율 시스템은 우주 탐사를 어떻게 바꾸고 있나

자율 항법, 자율적인 과학 관측, 그리고 인간의 손길이 닿기 어려운 심우주에서의 독립적인 임무 수행 등 AI는 점차 인간의 물리적 · 시간적 한계를 극복하고 우주 탐사의 새로운 지평을 여는 핵심 주체로 떠오르고 있다. 화성을 넘어 더욱 광활한 우주 공간으로 시야를 확장하여, AI 기반 자율 시스템이 어떻게 인류의 탐사 범위를 획기적으로 넓히고 있는지 살펴본다.

AI와 난임 극복?

스페이스1의 자율 항법

1998년 10월 24일 새벽, 마치 밤하늘을 가르는 한 줄기 유성처럼 델타II(Delta II) 로켓이 미국 케이프커내버럴(Cape Canaveral) 공군 기지의 발사대를 박차고 장엄한 불꽃을 뿜으며 어둠 속으로 사라져 갔다. 로켓의 첨단부에 고이 실린 것은 '딥스페이스 1호(DS1, Deep Space 1)'라는 이름의 작은 우주선이었다. DS1은 미국항공우주국(NASA, National Aeronautics and Space Administration) '뉴 밀레니엄 프로그램(New Millennium Program)'의 첫 번째 주자로, 미지의 소행성 '9969브라유(9969 Braille)'와 혜성 '19P/보렐리(19P/Borrelly)'를 탐사하는 것에 더해, 미래의 우주 탐사에 필요한 열두 가지 첨단 기술을 실제 우주 환경에서 시험하는 매우 야심 찬 기술 실증 임무를 맡았다(Rayman et al., 2000). 그리고 그 핵심 기술 목록의 가장 중요한 자리에 바로 AI 기반의 자율 항법 시스템인 '오토내브(AutoNav, Autonomous Navigation)'가 자리 잡고 있었다.

지구로부터 수억 킬로미터 떨어진 아득한 심우주 공간에서 우리가 일상적으로 경험하는 실시간 소통이란 불가능에 가깝다. 빛의 속도로도 신호가 오가는 데 수십 분에서 수 시간이 걸리기 때문에 지상의 관제 센터가 우주선의 모든 움직임을 일일이 지시하고 제어하는 것은 극히 비효율적일 뿐만 아니라, 예상치 못한 긴급 상황 발생 시 즉각적인 대응을 어렵게 만든다. DS1에 탑재된 오토내브 시스템은 이러한 한계를 극복하기 위해 개발되었다. 오토내브는 우주선에 장착된 카메라로 기준 별자리와 목표 천체의 이미지를 스스로 촬영하고, 이 영상을 온 보드(on-board) 컴퓨터에서 직접 분석하여 자신의 정확한 위치와 속도, 진행 방향을 실시간으로 계산했다. 만약 계획된 궤도에서 벗어났다는 것을 감지하면, 스스로 판단하여 이온 엔진과 같은 추력 시스템을 미세하게 조정하여 경로를 수정하는, 말 그대로 완전한 자율 항법 능력을 갖추고 있었다(Rayman et al., 2000). 이는 마치 숙련된 항해사가 망망대해에서 별을 보고 자신의 위치를 파악하며 배를 모는 것과 같지만, 그 주체가 인간이 아닌 우주선 자체의 AI였다는 점에서 혁명적인 시도였다.

오토내브의 진가는 DS1이 발사된 지 약 한 달 만인 1998년 11월 극적으로 입증되었다. 소행성 브라유를 향해 순항하던 중, 우주선에 탑재된 별 추적기(star tracker)가 오작동을 일으키며 정확한 자세 정보를 제공하지 못하는 심각한 문제가 발생했다. 이는 마치 항해사가 나침반을 잃어버린 것과 같은 긴박한 상황이었다. 지구 관제 팀은 문제를 해결하기 위해 분주히 움직였지만, 근본적인 해결책을 찾기까지는 시간이 걸렸다. 이때 DS1은 침착하게 오토내브 시스템을 주 항법 장치로 전환했다. 그리고 오토내브는 수백만 킬로미터 떨어진 우주 공간에서 홀로 주변 별들의 상대적인 위치를 분석하고 자신의 자세를 정확히 파악하여, 마침내 1999년 7월 소행성 브라유에 성공적으로 근접 비행(flyby)하는 데 핵심적인 역할을 수행했다. 이는 인간의 직접적인 개입 없이 우주선 스스로가 광대한 우주 공간에서 자신의 길을 찾아 목표에 도달할 수 있음을 최초로 실증한 역사적인 순간이었으며, 기술적 성공과 함께 AI가 우주 탐사의 패러다임을 바꿀 수 있다는 강력한 가능성을 전 세계에 각인했다(Rayman & Varghese, 2001). DS1의 오토내브 시스템은 이후 발사된 딥임팩트(Deep Impact), 스타더스트(Stardust) 등 여러 심우주 탐사선에 적용되거나 영향을 미치며, AI 기반 자율 항법이 심우주 탐사의 표준으로 자리 잡는 데 결정적인 기여를 했다.

EO-1, 하늘 위의 지능적인 눈

DS1이 머나먼 심우주에서 AI 자율 항법의 새 시대를 열었다면, 비슷한 시기에 지구 저궤도에서는 또 다른 혁신적인 AI 실험이 진행되고 있었다. 2000년 11월 21일 발사된 NASA의 '지구 관측 1호(EO-1, Earth Observing-1)' 위성은 AI 기술이 지구를 관측하고 관리하는 위성의 운영 방식을 어떻게 근본적으로 변화시킬 수 있는지를 보여 주는 중요한 시험대였다. EO-1은 애초에 랜드샛 7호(Landsat 7) 위성의 기술을 검증하고 보완하기 위한 목적으로 개발되었지만, 그 안에는 미래 위성 운영의 청사진을 제시하는 '자율 과학 탐사 우주선 실험(ASE, Autonomous Sciencecraft Experiment)'이라는 매우 특별한 AI 소프트웨어가 탑재되어 있었다(Chien, 2006).

기존의 지구 관측 위성 대부분은 지상 관제 센터의 과학자들이나 운영자들이 정해진 계획에 따라 특정 지역을 촬영하도록 명령을 내리면 그 임무를 수행하는 수동적인 방식으로 운영되었다. 이 방식은 화산 폭발, 홍수, 대형 산불과 같이 예측 불가능하고 긴급한 자연재해가 발생했을 때 신속하게 대응하기 어렵다는 단점이 있었다. ASE는 이러한 한계를 극복하기 위해 설계되었다. 이 지능형 소프트웨어는 위성에 탑재된 다양한 영상 센서로부터 들어오는 데이터를 실시간으로 분석하고, 사전에 학습된 과학적 지식과 임무 목표를 바탕으로 '과학적으로 흥미로운' 현상이나 긴급 상황을 스스로 판단하여 관측 우선순위를 정하고 촬영 계획을 자율적으로 수립 및 실행할 수 있었다. 즉, 지상의 명령 없이도 위성 스스로가 능동적인 과학자처럼 행동하며 중요한 관측 기회를 포착하는 것이다(Chien, 2006).

ASE의 놀라운 능력은 2006년 11월, 아프리카 콩고민주공화국의 니라공고(Nyiragongo) 화산과 니아무라기라(Nyamuragira) 화산이 거의 동시에 분화했을 때 진가가 드러났다. 당시 EO-1은 일상적인 관측 임무를 수행하고 있었는데, ASE는 위성이 화산 지대 상공을 지나갈 때 센서 데이터에서 강력한 열원과 화산재 기둥을 감지했다. 이 변화를 '중요한 과학적 사건'으로 판단한 ASE는 즉시 예정된 관측 계획을 변경하고, 해당 화산 지역을 집중적으로 촬영하여 고해상도 이미지와 데이터를 확보한 뒤 신속하게 지구 관제 센터로 전송했다. 놀랍게도 당시 지상의 과학자들은 이 화산들의 동시 분화 사실을 제대로 인지하지 못하고 있었기 때문에, EO-1의 ASE가 보내온 데이터는 긴급 상황을 파악하고 대응하는 데 결정적인 역할을 했다. 이는 위성 AI가 인간보다 먼저 중요한 자연 현상을 포착하고 인간에게 경고를 보낸, AI의 자율적 판단 능력을 보여 주는 상징적인 사건으로 기록되었다(Scott, 2007). 이후에도 EO-1의 ASE는 수년간의 임무

기간 동안 전 세계의 산불, 홍수, 빙하의 변화, 해로운 조류 대발생 등 다양한 자연 현상과 재난 상황을 자율적으로 감지하고 관측 데이터를 제공함으로써, AI 기반의 위성 관리 시스템이 인류의 안전을 지키고 지구 환경 변화를 이해하는 데 얼마나 중요한 역할을 할 수 있는지를 생생하게 입증했다. 이는 진정한 의미의 '자율 지능'이 우주 기술과 결합했을 때 발휘할 수 있는 엄청난 잠재력을 보여 준 사례였다.

심우주에서 AI 독립, 뉴허라이즌스

DS1과 EO-1이 특정 AI 기술의 가능성을 시험하고 증명하는 데 중점을 두었다면, 2000년대 중반 이후 발사된 심우주 탐사선들은 이러한 자율 시스템을 임무 성공의 필수 요소로 통합하며 더욱 대담하고 복잡한 도전에 나섰다. 대표적인 사례가 바로 2006년 1월 발사되어 인류 최초로 명왕성과 태양계 끝자락 지역인 '카이퍼 벨트(Kuiper Belt)' 천체 탐사에 나선 '뉴허라이즌스(New Horizons)' 탐사선이다. 명왕성은 지구로부터 평균 약 50억km라는 상상조차 하기 어려울 만큼 거리가 떨어져 있어, 빛의 속도로도 신호가 오가는 데만 네 시간 이상이 걸린다. 이러한 극단적인 통신 지연은 뉴허라이즌스 임무의 모든 단계, 특히 가장 중요한 명왕성 근접 비행(flyby) 시퀀스를 완전히 자율적으로 수행해야 함을 의미했다. 단 한 번의 실수도 용납되지 않는, 고도로 정교하게 짜인 이 근접 비행 과정에서 뉴허라이즌스는 사전에 프로그래밍된 AI 알고리즘에 따라 수백 가지 명령을 정확한 타이밍에 스스로 실행해야 했다.

그리고 마침내 2015년 7월 14일, 뉴허라이즌스가 명왕성에 가장 가깝게 접근하는 역사적인 순간이 다가왔다. 지구 관제 센터의 과학자들은 숨을 죽인 채 결과를 기다릴 수밖에 없었다. 그 시간, 아득히 먼 심우주 공간에서 뉴허라이즌스는 홀로 일곱 개의 과학 장비를 정해진 순서대로 정확하게 작동하고, 명왕성과 그 위성들의 고해상도 이미지를 촬영하며, 대기 조성과 표면 온도를 측정하는 등 방대한 양의 데이터를 성공적으로 수집했다. 이 모든 과정은 온 보드 컴퓨터가 초당 수천 번 이상의 자체 시스템 진단과 자율적인 판단을 수행하며 탐사 계획을 완벽하게 소화해 낸 덕분이었다(Stern et al., 2015). 뉴허라이즌스는 이후에도 여세를 몰아 2019년에는 태양계 외곽 카이퍼 벨트에 위치한 작은 천체 '아로코스(Arrokoth, 당시 공식 명칭 2014 MU69)'에 성공적으로 근접하며, 태양계 형성 초기의 비밀을 간직한 원시 물질에 대한 귀중한 정보를 인류에게 선사했다. 이 모든 성과는 AI의 완벽한 자율성이 없었다면 불가능했을 것이다.

이처럼 DS1의 선구적인 자율 항법 실험, EO-1의 지능적인 지구 관측, 그리고 뉴허라이즌스가 보여 준 심우주에서의 놀라운 자율적 임무 수행 능력은 AI 기반 자율 시스템이 우주 탐사의 지형을 근본적으로 바꾸고 있음을 명확히 보여 준다. 과거 인간의 세밀한 지시와 통제에 의존했던 우주 탐사는 이제 AI가 스스로 목표를 설정하고, 변화하는 환경에 유연하게 적응하며, 예상치 못한 문제에 창의적으로 대처하는 능동적인 형태로 진화하고 있는 것이다. 과거 인간 중심적이었던 탐사의 패러다임은 이제 인간과 고도로 지능화된 기계가 서로의 강점을 결합하여 협력하는 형태로 변화하고 있다. AI는 인간이 직접 갈 수 없는 위험하거나 먼 곳에서 우리의 눈과 손, 그리고 두뇌가 되어 주고 있으며, 방대한 데이터를 실시간으로 분석하여 인간 과학자들이 더 깊이 있는 통찰을 얻도록 돕고 있다.

참고문헌

Chien, S.(2006). Integrated AI in Space: The Autonomous Sciencecraft on Earth Observing One. Association for the

Advancement of Artificial Intelligence.
https://cdn.aaai.org/AAAI/2006/AAAI06-238.pdf
Rayman, M. et al.(2000). Results from the Deep Space 1 technology validation mission. *Acta Astronautica, 47*(2-9), pp.475~487.
Rayman, M. & Varghese, P.(2001). The Deep Space 1 Extended Mission. *Acta Astronautica, 48*(5-12), pp.693~705.
https://www.jpl.nasa.gov/nmp/ds1/DS1_Extended_Mission1.pdf
Scott, M.(2007). Observing Volcanoes, Satellite Thinks for Itself. NASA Earth Observatory.
https://earthobservatory.nasa.gov/features/VolcanoSensorWeb
Stern, S. A. et al.(2015). The Pluto System: Initial Results from its Exploration by New Horizons. *Science, 350*(6258).

04
데이터로 우주를 이해하는 AI

우주 공간에서 직접 행성과 천체, 우주 환경을 경험적으로 파악하는 활동을 우주 탐사의 한 축이라 한다면, 우주를 이해하는 또 다른 거대한 축은 바로 지구에서 밤하늘을 관찰하며 우주의 기원과 구조, 그리고 그 안의 무수한 천체들의 비밀을 풀어내는 '천문학'이다. 현대 천문학은 인류 역사상 그 어느 때보다도 방대한 데이터의 홍수 속에서 새로운 발견의 기회를 맞이하고 있으며, 이 거대한 데이터의 우주를 항해하는 가장 강력한 나침반이자 망원경이 바로 AI다.

AI와 사주?

데이터로 가득 찬 우주를 이해하는 방법

칠레의 아타카마(Atacama) 사막 고원, 해발 2600m가 넘는 세로파촌(Cerro Pachon)산 정상에는 미래 천문학의 역사를 새로 쓸, 베라 C. 루빈 천문대(Vera C. Rubin Observatory)가 건설되어 그 위용을 드러내고 있다. 이 천문대의 핵심 장비인 시모니 서베이 망원경(Simonyi Survey Telescope)은 8.4m의 주 거울과 세계에서 가장 큰 32억 화소의 디지털 카메라를 이용하여 'LSST(Legacy Survey of Space and Time)'라는 야심 찬 관측 프로젝트를 수행할 예정이다. 향후 10년간, LSST는 며칠 간격으로 남쪽 하늘 전체를 반복적으로 촬영하며 우리은하의 구조, 암흑 물질과 암흑 에너지의 정체, 태양계 내 작은 천체들의 분포, 그리고 시간에 따라 변화하는 수많은 천문 현상에 대한 방대한 데이터를 쏟아 낼 것이다. 예상되는 데이터 생산량은 하룻밤에만 무려 20TB(테라바이트)에 달하며, 10년간 축적될 총 데이터베이스 크기는 수백 페타바이트(PB)에 이를 것으로 추정된다(Ivezić et al., 2019). 이처럼 인간의 감각과 분석 능력으로는 도저히 감당할 수 없는 규모의 데이터 앞에서, 천문학자들은 AI를 새로운 과학적 발견의 필수적인 동반자로 받아들이고 있다.

천문학에서 AI의 역할은 더 이상 과거처럼 단순히 데이터를 정리하거나 특정 패턴을 검색하는 보조적인 수준에 머무르지 않는다. 현대의 AI, 특히 머신 러닝과 딥 러닝 알고리즘은 방대한 천문 관측 데이터 속에서 인간 연구자의 눈길이 미처 닿지 못했거나 편견으로 인해 간과했던 미세한 신호나 복잡한 상관관계를 스스로 학습하고 식별해 낸다. 별의 탄생과 죽음, 은하의 형성과 진화, 우주 팽창의 비밀, 그리고 아직 정체를 알 수 없는 암흑 물질과 암흑 에너지의 단서들이 바로 이 데이터 속에 숨겨져 있으며, AI는 이러한 비밀을 캐내는 창의적이고 능동적인 분석가로 빠르게 성장하고 있다. 거대한 우주 데이터는 이제 AI의 학습과 분석을 통해 새로운 지식으로 전환되고 있다. 인간과 기계는 이 방대한 데이터를 바탕으로 함께 우주의 지도를 그려 나가고 있는 것이다.

이러한 변화의 대표적인 사례로, 한국천문연구원(KASI)이 포함된 국제 공동 연구 팀이 딥 러닝 기술을 활용하여 우리은하 주변 암흑 물질 지도를 작성한 연구를 들 수 있다. 우주의 대부분을 차지하지만 직접 관측할 수 없는 암흑 물질은 그 중력 효과를 통해 간접적으로 존재를 추론할 수 있다. 암흑 물질은 우주 전역에 걸쳐 거대한 필라멘트(filament, 가느다란 실)와 노드(node, 매듭)

형태로 거미줄과 같은 구조(cosmic web)를 형성하며, 은하들은 바로 이 구조를 따라 분포한다. 연구 팀은 대규모 우주 시뮬레이션 데이터를 AI(구체적으로는 합성곱 신경망, CNN)에게 학습시켜, 우리은하로부터 1억 광년 내에 펼쳐져 있는 암흑 물질의 밀도 분포를 예측했다. 그리고 이전에는 식별하기 어려웠던 희미한 필라멘트 구조까지 포함한 우주 거미줄 지도를 매우 정밀하게 재구성하는 데 성공했다(한국천문연구원, 2021).

이전의 통계적인 방법들은 은하들이 밀집된 노드 부분은 비교적 잘 찾아냈지만, 은하들이 드문드문 분포하는 가느다란 필라멘트 구조를 명확히 그려 내는 데는 한계가 있었다. 하지만 AI는 방대한 시뮬레이션 데이터 속에서 미세한 패턴의 차이를 학습함으로써, 마치 희미한 안개 속에 숨겨진 길을 찾아내듯 보이지 않는 우주의 거미줄 같은 구조의 전체적인 모습을 드러내 주었다. 이는 암흑 물질의 분포를 이해하고 우주의 형성과 진화 과정을 연구하는 데 중요한 진전을 이룬 성과다. AI가 인간의 직관이나 기존의 분석 방법을 뛰어넘어, 보이지 않는 우주의 기본 구조를 밝혀내는 데 핵심적인 역할을 수행할 수 있음을 보여 주는 강력한 사례다.

AI, 외계 행성의 비밀을 밝혀내다

"이 넓은 우주에 우리만이 존재하는가?" 밤하늘의 무수한 별들을 바라보며 인류가 수천 년 동안 품어 온 이 근원적인 질문은 현대 천문학의 가장 뜨거운 연구 주제 중 하나다. 2009년부터 2018년까지 미국항공우주국(NASA, National Aeronautics and Space Administration)의 케플러 우주 망원경(Kepler Space Telescope)은 우리은하의 특정 영역을 집중적으로 관측하며, 별 앞을 행성이 지나갈 때 발생하는 별빛의 미세한 밝기 변화를 감지하는 방식으로 수천 개의 외계 행성 후보를 찾아냈다. 케플러 망원경의 뒤를 이은 테스(TESS, Transiting Exoplanet Survey Satellite)는 2018년부터 하늘 전체를 대상으로, 더 밝고 가까운 별들 주변의 외계 행성을 탐색하며 그 바통을 이어받았다. 이들 임무가 쏟아 내는 엄청난 양의 '빛 곡선(light curve)' 데이터 속에서 실제 행성의 신호를 가려내는 작업은 마치 건초 더미에서 바늘을 찾는 것과 같이 어렵고 시간이 많이 소요되는 일이다. 특히 그 신호가 매우 약하거나, 별 자체의 활동성 때문에 발생하는 노이즈와 구분하기 어려운 경우에는 인간 연구자의 눈만으로는 한계가 있을 수밖에 없다. 바로 이 지점에서 AI는 그 진가를 발휘하며 외계 행성 탐색의 새로운 지평을 열었다.

2017년, 구글(Google) AI 연구 팀과 미국 텍사스대학교 오스틴(Austin) 캠퍼스의 연구자들은 케플러 망원경이 4년간 수집한 방대한 관측 데이터, 특히 이미 인간 연구자들이 분석했다고 생각했던 데이터 세트를 대상으로 딥 러닝 모델을 훈련시켰다. 그 결과, 이 AI는 이미 일곱 개의 행성을 가진 것으로 알려진 별 '케플러-90(Kepler90)' 주변에서 인간이 놓쳤던 여덟 번째 행성, '케플러90i'를 발견하는 놀라운 성과를 거두었다. 이 발견은 우리 태양계와 마찬가지로 여덟 개의 행성을 거느린 항성계를 최초로 확인한 사례이자, AI가 인간의 인지적 한계나 기존 분석 방법의 맹점을 넘어 새로운 과학적 발견을 할 수 있음을 입증한 극적인 순간이었다(Shallue & Vanderburg, 2018). AI는 수많은 별빛 데이터 속에서 인간이 간과했던 미세하지만 일관된 패턴을 학습하고 인식함으로써, 우주라는 거대한 데이터 더미 속에서 숨겨진 보석을 찾아낸 것이다.

AI의 활약은 여기서 그치지 않았다. 테스의 임무 데이터를 활용한 연구에서도 AI는 눈부신 성과를 이어 가고 있다. 2020년, 영국 워릭대학교(University of Warwick) 연구 팀을 포함한 국제 공동 연구 팀은 테스가 관측한 수많은 외계 행성 후보들 중에서 실제 행성일 가능성이 높은 신호들을 걸러 내기 위해 머신 러닝 알고리즘을 개발하고 적용했다. 그 결과, 단번에 50개의 새로운 외계 행성을 추가로 검증하여 발표했는데, 이는 기존의 인간 중심 분석 방식으로는 수년이 걸렸을지도 모르는 작업이었다(Armstrong et al., 2020). 더 나아가 AI는 단순히 외계 행성을 찾는 것을 넘어, 발견된 행성들의 특성(크기, 질량, 공전 주기, 모항성과의 거리 등)을 분석하고, 이를 통해 액체 상태의 물이 존재할 가능성이 있는, 이른바 '생명체 거주 가능 영역(habitable zone)'에 위치한 행성들을 우선적으로 선별하여 후속 관측 연구의 효율성을 극대화하는 데 기여하고 있다. 이제 AI는 외계 행성 탐색 분야에서 인간 연구자들의 시간을 절약해 주는 효율적인 도구에서, 새로운 발견을 주도하고 인류의 오랜 질문에 대한 답을 함께 찾아 가는 능동적인 파트너로 진화하고 있는 것이다.

블랙홀을 탐지하고 이미지를 구성하는 AI

우주의 가장 극단적이고 격렬한 현상들, 예를 들어 두 개의 블랙홀이 충돌하여 하나로 합쳐지거나, 중성자별들이 서로를 향해 나선 운동을 하며 충돌하는 사건들은 아인슈타인의 일반 상대성 이론이 예측한 시공간의 거대한 물결, 즉 중력파(gravitational waves)를 발생시킨다. 2015년 레이저 간섭계 중력파 관측소(LIGO, Laser Interferometer Gravitational Wave Observatory)가 최초로 블랙홀 병합 과정에서 발생한 중력파를 검출한 이래, 중력파 천문학이라는 새로운 시대가 열렸다. 그러나 중력파 신호는 지구에 도달할 때 극도로 미약하며, 관측소의 민감한 장비가 감지하는 수많은 지구상의 진동이나 기기 자체의 노이즈와 뒤섞여 이를 정확히 식별하고 분석하는 것은 엄청난 도전이다.

이러한 난제를 해결하기 위해 과학자들은 AI, 특히 딥 러닝 기술에 주목했다. 2019년, 미국 일리노이대학교 어배너-샘페인(Urbana-Champaign) 캠퍼스의 국립 슈퍼컴퓨팅 응용 연구소(NCSA, National Center for Supercomputing Applications) 연구진은 '딥 필터링(Deep Filtering)'이라는 AI 기반의 중력파 분석 알고리즘을 개발했다. 이 알고리즘은 수많은 시뮬레이션 중력파 신호와 실제 관측소 노이즈 데이터를 학습하여, 기존의 정형화된 필터링 방식보다 훨씬 빠르고 정확하게 숨겨진 중력파 신호를 식별해 내는 능력을 보여 주었다(George & Huerta, 2018). AI는 이제 우주에서 가장 격렬하고 짧은 순간에 일어나는 사건들을 포착하고, 이를 통해 블랙홀의 질량 분포, 중성자별의 내부 구조, 심지어 우주의 팽창률을 측정하는 데까지 중요한 단서를 제공하는 필수적인 동반자로 자리 잡은 것이다.

더 나아가 AI는 인류가 오랫동안 상상만 해 왔던 블랙홀의 실제 모습을 시각적으로 구현하는 데도 결정적인 역할을 수행했다. 2019년 4월, 이벤트 허라이즌 망원경(EHT, Event Horizon Telescope) 연구 팀은 지구상의 여러 전파 망원경을 가상으로 연결하는 초장기선 간섭계(VLBI, Very Long Baseline Interferometry) 기술과 혁신적인 데이터 분석 기법을 통해 처녀자리 은하단 중심에 있는 거대 타원 은하 M87의 중심 블랙홀 그림자 이미지를 인류 최초로 공개하여 전 세계를 놀라게 했다. 이 역사적인 이미지를 만들어 내는 과정은 극도로 희소하고 노이즈가 많은 페타바이트급 데이터를 처리해야 하는 엄청난 도전이었다. 각기 다른 지역의 망원경에서 수집된 불완전한 데이터 조각들을 모아 하나의 이미지로 구현하기 위해, 연구 팀은 AI와 머신 러닝 기법들을 동원했다. 고리 모양의 구조(블랙홀의 존재를 간접적으로 입증하는 핵심 시각 정보로, 블랙홀의 사건의 지평선 주변에서 중력 렌즈 효과에 의해 형성되는 밝은 형태의 빛 구조)를 학습시키고, 기존 데이터에서 비어 있는 부분을 통계적으로 가장 가능성 높은 방식으로 채워 넣으며, 인간의 주관적인 편견을 최소화하는 방식으로 이미지를 재구성한 것이다(Event Horizon Telescope Collaboration et al., 2019). 이는 AI가 단순히 주어진 데이터를 처리하는 도구가 아니라, 불완전한 정보 속에서 과학적 진실에 가장 가까운 그림을 그려 내는 창의적인 탐구자의 역할을 수행할 수 있음을 명확히 입증한 사례다.

AI가 우주의 데이터를 탐험하며 그 비밀을 풀어 가는 여정은 이제 막 본격적인 궤도에 올랐다고 할 수 있다. 중요한 것은 AI가 인간 연구자의 수고를 덜어 주는 보조적인 역할에서, 데이터의 바다에서 스스로 질문을 던지고 독립적으로 가설을 검증하며 새로운 지식을 창출하는 적극적인 탐구 파트너로 발전하고 있다는 점이다. AI는 인간의 선입견이나 기존 이론의 틀에 얽매이지 않고 데이터 자체에 기반한 새로운 발견의 가능성을 열어 주며, 때로는 인간 과학자들에게 영감을 주어 연구의 방향을 새롭게 설정하도록 이끌기도 한다. 물론 AI의 판단과 발견은 항상 인간 과학자들의 엄밀한 검증과 해석을 거쳐야 하지만, 그 과정에서 인간과 AI는 서로의 강점을 극대화하며 시너지를 창출하는 이상적인 협력 관계를 구축해 나가고 있다.

참고문헌

한국천문연구원(2021.5.27). "인공지능이 그린 우리은하 주변 암흑 물질 지도". https://www.kasi.re.kr/kor/publication/post/newsMaterial/28759

Armstrong, D. et al.(2020). Exoplanet Validation with Machine Learning: 50 New Validated Kepler Planets. *Monthly Notices of the Royal Astronomical Society, 494*(4), pp.5327~5344.

Event Horizon Telescope Collaboration et al.(2019). First M87 Event Horizon Telescope Results. IV. Imaging the Central Supermassive Black Hole. *The Astrophysical Journal Letters, 875*(1), L4.

George, D. & Huerta, E. A.(2018). Deep Neural Networks to Enable Real-time Multimessenger Astrophysics. *Physical Review D, 97*(4).

Ivezić, Ž. et al.(2019). LSST: From Science Drivers to Reference Design and Anticipated Data Products. *The Astrophysical Journal, 873*(2), 111.

Shallue, C. J. & Vanderburg, A.(2018). Identifying Exoplanets with Deep Learning: A Five Planet Resonant Chain around Kepler-80 and an Eighth Planet around Kepler-90. *The Astronomical Journal, 155*(2), 94.

05
우주 탐사 나서는 AI 로봇의 진화

AI 로봇의 진화는 인류가 이제껏 상상만 해 왔던 우주의 미개척 영역으로 탐사의 지평을 넓히는 동시에, 인류와 기계가 협력하여 새로운 문명과 지식을 창조하는 미래를 구체적으로 제시한다. 여러 로봇이 협력하여 거대한 구조물을 건설하거나, 스스로 손상을 복구하고, 심지어 환경에 맞춰 자신의 형태와 기능을 변화시키는 차세대 AI 로봇 기술들은 우주라는 극한 환경에서 인류를 대신하여 새로운 문명을 개척하고 지식을 확장하고 있다.

AI와 아이돌?

지구 밖 문명 건설할 AI 로봇 군집

인류 최초의 발자국이 남겨진 달 표면의 '고요의 바다(Mare Tranquillitatis)' 위로 수십, 수백 대의 로봇이 분주히 움직이는 풍경이 펼쳐질 날이 곧 올지 모른다. 이들 로봇은 마치 잘 짜인 군무를 추듯 질서 정연하게 이동하며 달 기지 건설 작업을 수행한다. 중앙의 단일 통제 시스템 없이도 각자의 역할을 수행하고 서로 협력하는 이 로봇들은 바로 AI 기반의 '군집 로봇(swarm robotics)' 시스템이다. 미국항공우주국(NASA, National Aeronautics and Space Administration)의 달 탐사 프로그램 '아르테미스(Artemis)'나 유럽우주국(ESA, European Space Agency)의 유사한 달 탐사 계획들은 장기적으로 인간이 달에 거주하고 심우주 탐사를 위한 전초 기지를 마련하는 것을 목표로 하는데, AI 군집 로봇 기술은 이러한 거대 프로젝트를 실현하는 데 크게 기여할 것이라는 관측이다.

군집 로봇 시스템의 핵심 아이디어는 단순한 기능을 가진 다수의 로봇들이 서로 정보를 교환하고 협력함으로써 개별 로봇의 능력을 합친 것 이상의 복잡하고 거대한 임무를 수행하도록 하는 것이다. NASA의 케네디 우주센터(Kennedy Space Center)가 2015년부터 2019년까지 뉴멕시코대학과 개최한 군집 로봇 경연 대회

'스워마톤(Swarmathon)'이 대표적 연구 사례다(NASA Swarmathon). 학생들은 개미나 벌과 같은 사회성 곤충들이 정교한 집을 짓고 먹이를 조달하는 모습에서 영감을 얻어, 각 로봇이 독립적인 자율성을 가지면서도 주변 동료 로봇들과의 상호 작용을 통해 집단 전체의 목표를 달성하는 군집 로봇을 프로그래밍하고 제작했다.

이러한 군집 로봇들은 각각에 탑재된 센서와 카메라를 통해 주변 환경을 실시간으로 인식하고, 건설 계획에 따라 자율적으로 작업을 분담한다. 어떤 로봇은 지형을 분석하여 평탄화 작업을 하고, 다른 로봇은 태양광 패널을 설치하며, 또 다른 로봇들은 거주 모듈을 조립한다. 만약 한 로봇이 예상치 못한 장애물에 부딪히거나 고장으로 작업을 수행하기 어려워지면, 마치 살아 있는 유기체의 면역 시스템처럼 주변의 다른 로봇들이 즉각적으로 이 상황을 인지하고 협력하여 문제를 해결하거나 작업을 분담한다. 이러한 유연성과 강인함(robustness)은 예측 불가능한 위험이 도사리는 달이나 화성 표면에서 대규모 인프라를 안정적으로 구축하는 데 필수 요소다(Sylvester Kaczmarek).

군집 로봇 기술은 우주 탐사의 방식을 근본적으로 변화시킬 잠재력이 있다. 더 이상 훈련받은 우주인이 위험하고 고된 건설 작업에 직접 참여할 필요 없이, AI 로봇 군단이 험지를 개척하고 인류가 활동할 안전한 기반을 마련해 줄 것이다. 이는 인간이 우주라는 새로운 영역을 단순히 방문하는 것이 아니라, 그곳에 정착하고 문명을 확장하는 협력적 미래로 나아가는 중요한 첫걸음이 될 것이다.

스스로 치유하는 AI 탐사 로봇

광활하고 적대적인 우주 환경은 탐사 로봇에게 끊임없는 시련을 안겨 준다. 화성 표면의 날카로운 암석과 거친 모래바람은 로봇의 바퀴와 관절을 마모시키고, 태양계 외곽의 심우주 공간에서는 강력한 우주 방사선과 미세 유성체들이 로봇의 정교한 전자 장비와 구조물에 손상을 입힐 수 있다. 지금까지 우주 탐사 로봇이 직면한 가장 큰 난제 중 하나는 이러한 고장이나 손상이 발생했을 때, 수억 킬로미터 떨어진 지구로부터 즉각적인 도움을 받기 어렵다는 점이었다. 로봇의 임무가 중단되거나 심지어 실패로 이어지는 안타까운 경우도 많았다. 그러나 최근 '자율 복구 로봇(self-healing 또는 self-repairing robots)' 기술은 이러한 근본적인 한계를 극복하고 우주 탐사의 지속 가능성을 획기적으로 높일 열쇠로 주목받고 있다(Pan et al., 2024).

자율 복구 로봇의 핵심 개념은 로봇이 외부의 개입 없이 스스로 고장이나 손상을 진단하고, 손상된 부분을 자체적으로 수리하거나 심지어 재설계하여 기능을 회복하는 것이다. 이를 위해 로봇에는 정교한 AI 기반 진단 알고리즘이 탑재되고, 로봇은 센서 데이터를 통해 자신의 상태를 지속적으로 모니터링하고 이상 징후를 조기에 감지한다. 만약 특정 부품에 균열이 생기거나 기능 저하가 감지되면, AI는 문제의 원인과 심각도를 정확히 판단하고 최적의 복구 전략을 수립한다. 예를 들어, 2006년 미국 코넬대학교의 호드 립슨(Hod Lipson) 교수 연구팀은 로봇이 자신의 신체 일부가 손상되었을 경우, 마치 동물이 다리를 다쳤을 때 다른 방식으로 걷는 법을 배우듯, AI를 통해 손상된 상태에서도 임무를 계속 수행할 수 있는 새로운 움직임 패턴을 스스로 학습하도록 하는 연구를 수행했다(Bongard et al., 2006).

자율 복구 로봇 기술의 놀라운 점은 원래의 설계를 복원하는 것뿐 아니라, 현장에서 얻은 데이터와 경험을 바탕으로 문제가 재발하지 않도록 부품을 더욱 강력하거나 환경에 적합한 형태로 '진화적 재설계(evolutionary redesign)'를 할 수 있다는 가능성이다. 예를 들어, 특정 관절이 반복적으로 마모된다면 AI는 해당 부품의 재질이나 구조를 변경하여 내구성을 높인 새로운 설계를 생성하고, 이를 3D 프린터로 제작하여 기존의 부품과 교체할 수 있다. 이는 로봇이 수동적인 기계에서, 환경과의 상호 작용을 통해 스스로를 개선하고 적응해 나가는 능동적인 존재로 발전할 수 있음을 시사한다(Lipson & Pollack, 2000).

이러한 자율 복구 능력은 로봇에게 진정한 의미의 독립성과 장기 생존 능력을 부여한다. 인간의 지속적인 유지 보수 없이도 외계 행성의 혹독한 환경이나 수십 년이 소요되는 머나먼 심우주 탐사에서 로봇이 안정적으로 임무를 수행할 수 있게 되는 것이다. 이는 목성의 위성 유로파(Europa)의 얼음 밑 바다나 토성의 위성 엔켈라두스(Enceladus)의 간헐천과 같이 생명체 존재 가능성이 높지만 접근이 극도로 어려운 극한 환경을 탐사하는 데 결정적인 돌파구가 될 수 있다. 자율 복구 로봇의 등장은 로봇의 수명을 연장하는 것에 더해, 로봇 스스로가 생존과 진화를 거듭하며 인간을 대신하여 먼 우주를 탐사하는 역사적 전환점으로 기록될 것이다.

스스로 진화하는 '적응형' AI 탐사 로봇

만약 탐사 로봇이 미리 주어진 임무와 예상된 환경이 아닌, 전혀 예측하지 못한 새로운 상황이나 지형에 직면했을 때 스스로 최적의 해결책을 찾아내고 심지어 자신의 물리적인 형태나 기능까지 바꿀 수 있다면 어떨까? 이는 공상과학 소설에나 나올 법한 이야기처럼 들릴지 모르지만, AI 기술의 발전은 이러한 '적응형 로봇(adaptive robotics)' 또는 '진화형 로봇(evolutionary robotics)'이라는 혁명적인 개념을 현실로 만들고 있다. 현재 NASA 제트추진연구소(JPL, Jet Propulsion Laboratory)와 MIT(Massachusetts Institute of Technology) 컴퓨터과학 및 인공지능연구소(CSAIL, Computer Science & Artificial Intelligence Laboratory) 등을 중심으로 활발히 연구되고 있는 이 기술은, 탐사 로봇이 고정된 설계를 고수하는 대신 임무 수행 중 마주치는 다양한 환경과 과제에 맞춰 스스로 하드웨어 구조와 소프트웨어 전략을 능동적으로 변화시키며 진화하는 것을 목표로 한다.

적응형 로봇 기술의 핵심은 로봇이 주변 환경을 정밀하게 인식하고 현재 자신이 수행해야 할 임무의 특성을 분석한 뒤, 이에 가장 적합한 신체 구조나 행동 양식을 AI가 스스로 설계하고 구현하는 것이다. 예를 들어, 평탄한 지형에서는 바퀴를 이용하여 빠르게 이동하던 로봇이 암석이 많은 험준한 경사면에 도달하면 즉석에서 바퀴를 접고 다리 형태의 구조물을 펼쳐 안정적으로 이동하거나, 좁은 동굴을 탐사해야 할 경우라면 몸체의 크기를 줄이거나 유연한 형태로 변형하는 식이다. MIT CSAIL에서 개발한 '모듈형 자기 조립 로봇(modular self-reconfigurable robots)'은 이러한 개념을 구현하기 위한 중요한 시도 중 하나다. 이 로봇들은 마치 레고 블록처럼 여러 개의 독립적인 모듈로 구성되어 있으며, 각 모듈은 AI의 판단에 따라 서로 결합하거나 분리되어 다양한 형태와 기능을 가진 로봇으로 재조립될 수 있다(MIT CSAIL, 2018). 일부 연구에서는 3D 프린팅 기술과 결합하여, 로봇이 현장에서 필요한 부품이나 도구를 즉석에서 설계하고 제작하여 자신의 몸에 장착하는 방식까지 구상하고 있다. 이는 생명체가 환경에 적응하며 진화하는 과정을 공학적으로 구현하려는 대담한 도전이다(NASA, 2024).

이러한 자기 진화 능력을 갖춘 AI 로봇이 현실화된다면 우주 탐사의 패러다임은 또 한 번 크게 바뀔 것이다. 더 이상 특정 임무나 환경에 맞춰 고도로 특화된 로봇을 각각 개발하고 발사할 필요 없이, 다재다능한 적응형 로봇 하나가 다양한 상황에 능동적으로 대처하며 임무를 수행할 수 있게 된다. 이는 특히 화성의 깊숙한 용암 동굴, 타이탄(Titan)의 메탄 호수, 또는 유로파의 얼음층 아래에 숨겨진 바다와 같이 현재 기술로는 접근조차 어려운 극한 환경을 탐사하는 데 결정적인 열쇠가 될 수 있다. 로봇 스스로가 미지의 환경을 분석하고, 그곳에서 살아남고 탐사하는 데 가장 효율적인 형태로 자신을 '진화'시킴으로써 인간의 직접적인 개입 없이도 전례 없는 수준의 자율적이고 창의적인 탐사가 가능해지는 것이다.

적응형 로봇 기술의 등장은 AI 로봇이 단순한 임무 수행 도구나 인간의 파트너에서, 스스로 목표를 재설정하고, 독립적으로 탐사 방법을 창안하며, 심지어 자신의 존재 방식까지 변화시키는 적극적인 '탐험 주체'로 거듭날 수 있음을 시사한다. 이는 마치 인류가 지구 안의 다양한 환경에 적응하며 문명의 역사를 써 왔듯이, AI 로봇이 인류를 대신하여 우주라는 광대한 미지의 영역에서 새로운 형태의 '지능적 생존과 탐험'을 이어 가는 미래를 상상하게 한다. 이러한 로봇들은 인류의 지적 호기심을 최전선에서 실현하는 대리인이자, 어쩌면 우주에서 마주칠지 모르는 또 다른 지적 존재와의 첫 만남을 준비하는 선구자가 될 수도 있을 것이다.

참고문헌

Bongard, J. et al.(2006). Resilient Machines Through Continuous Self-Modeling. *Science, 314*(5802), pp.1118~1121.

Lipson, H. & Pollack, J. B.(2000). Automatic design and manufacture of robotic lifeforms. *Nature, 406*(6799), pp.974~978.

MIT CSAIL(2018). M-Blocks Mocular Robotics. https://www.csail.mit.edu/research/m-blocks-modular-robotics

NASA(2024). Robot Team Builds High-Performance Digital Structure for NASA. https://www.nasa.gov/general/robot-team-builds-high-performance-digital-structure-for-nasa/

NASA Swarmathon. https://swarmathon.cs.unm.edu/

Pan, X. et al.(2024). Artificial Self-Recovery Opens up a New Journey of Autonomous Health of Mechanical Equipments. *Engineering, 37*, pp.22~26.

Romanishin, J. W. et al.(2013). M-Blocks: Momentum-driven, Magnetic Modular Robots. *IEEE/RSJ International Conference on Intelligent Robots and Systems(IROS).*

Sylvester Kaczmarek. Robotic Swarm Intelligence for Lunar Exploration. https://sylvesterkaczmarek.com/blog/robotic-swarm-intelligence-for-lunar-exploration/

06
생성형 AI와 우주 시스템 설계

특히 최근 눈부신 발전을 거듭하고 있는 생성형 AI 기술은 기존의 데이터를 학습하고 분석하는 수준에서, 인간의 창의성에 도전하며 새로운 아이디어를 '생성'하는 단계로 진입했다. 챗GPT와 같은 언어 모델을 넘어, 우주 기지, 인공위성, 탐사선 등 복잡한 우주 시스템 설계 분야에서 생성형 AI는 기존의 우주 탐사의 설계 패러다임을 바꾸고 있다.

AI와 야구?

우주 기지 설계하는 생성형 AI

최근 미국항공우주국(NASA, National Aeronautics and Space Administration)을 비롯한 여러 우주 기관들은 미래의 달 또는 화성 유인 탐사 및 거주를 위한 구조물 설계를 위해 첨단 기술의 활용을 적극적으로 모색하고 있다. 이 과정에서 '생성형 설계(generative design)'는 중요한 잠재력을 가진 기술 중 하나로 주목받는다. 생성형 설계는 세계적인 소프트웨어 기업 오토데스크(Autodesk) 등이 개발한 소프트웨어에 탑재된 기능으로, 이 기술의 핵심은 인간이 최종 목표와 핵심적인 제약 조건(예를 들어, 최대 하중 지지력, 최소 질량, 사용 가능한 재료, 특정 온도 범위에서의 안정성, 방사선 차폐 능력, 제작 방식 등)을 AI에게 입력하면, AI는 이러한 요구 사항을 충족하면서도 인간이 미처 생각하지 못한 수백, 수천 가지의 혁신적인 설계 옵션을 마치 진화 과정을 거치듯 스스로 탐색하고 생성해 내는 것이다(Autodesk). 이는 특히 극한의 온도 변화, 상이한 중력, 방사선 노출, 미세 운석 충돌 위험 등 복잡하고 가혹한 환경 조건을 동시에 고려해야 하는 우주 구조물의 특정 부품이나 골격 설계에서 인간의 직관만으로는 도달하기 어려운 혁신적인 형태와 높은 효율성을 제안할 수 있다.

현재 AI가 독립적으로 완전한 우주 기지 전체를 처음부터 끝까지 창조적으로 설계하는 수준에 이르렀다고 보기는 어렵지만, 특정 구조 요소나 부품을 최적화하는 데에는 이미 의미 있는 방식으로 활용되고 있거나 적극적으로 연구되고 있다. 예를 들어, NASA는 2019년 '3D 프린팅 서식지 경연(3D-Printed Habitat Challenge)'과 같은 프로그램을 통해 달이나 화성의 현지 자원을 활용(ISRU, In-Situ Resource Utilization)한 거주 모듈 건설 아이디어를 공모했다. 이 경연의 목표 중 하나는 참가 팀들이 혁신적인 건축 기술과 자동화된 건설 방법을 탐구하는 것이었다. 생성형 AI(Generative AI)는 특정 하중 조건에서 재료를 최소한으로 사용하면서도 필요한 강도를 유지하는 유기적이고 복잡한 골격 구조(topology optimization)를 도출하는 데 탁월한 능력을 보여 주었다. 이는 마치 자연계의 뼈 구조나 나무의 가지 형태처럼, 힘의 흐름에 따라 재료가 최적으로 배치된 모습과 유사하여 '자연을 닮은 설계'로 불리기도 한다(NASA).

이처럼 AI가 설계 과정에 참여하여 제안하는 최적화된 구조물들은 단순히 공학적 효율성을 높일 뿐 아니라, 인류가 외계 환경에 건설할 미래 건축물의 모습과 그 건설 방식에 대한 새로운 상상을 가능하게 한다. AI의 지원을 통해 인간 설계자는 더욱 복잡한 문제 해결에 집중하고 창의적인 콘셉트를 탐구할 시간을 확보할 수 있으며, 이는 인류가 외계 환경에 단순히 생존을 위한 거점을 넘어, 그 환경과 조화를 이루며 지속 가능한 방식으로 활동할 수 있는 기반을 마련하는 데 기여할 수 있을 것이다.

최적의 위성 설계를 찾아내는 생성형 AI

인공위성은 현대 사회에서 통신, 항법, 지구 관측, 과학 연구 등 필수적인 역할을 수행하지만, 하나의 위성을 설계하고 제작하여 발사하는 데는 일반적으로 수년의 시간과 막대한 비용이 소요된다. 위성의 안테나, 태양 전지판, 추진 시스템, 각종 센서, 통신 장비 같은 부품들은 제한된 공간과 무게, 전력 예산 내에서 최적의 성능을 발휘하도록 정교하게 배치되고 통합되어야 한다. 발사 시의 엄청난 진동과 우주 공간의 극한 온도 변화 및 방사선 환경을 견뎌 내야 하는 것은 물론이다. 이러한 복잡하고 다층적인 제약 조건 속에서 최적의 설계안을 찾는 과정은 수많은 반복 계산과 시뮬레이션, 그리고 숙련된 엔지니어들의 오랜 경험과 직관을 필요로 한다(Ouellette, 2024).

그러나 최근 선진국의 우주 기관과 기업들은 생성형

AI 기술을 위성 설계 자동화 및 최적화에 적용하면서 개발 기간을 획기적으로 단축하고 성능을 극대화하는 데 적극적으로 활용하고 있다. 예를 들어, 유럽우주국(ESA, European Space Agency)은 아르테스(ARTES, 첨단 위성 통신 기술 연구 프로그램)의 '미래 준비(Future Preparation)' 트랙을 통해 위성 통신 시스템의 혁신을 위한 다양한 연구를 지원한다. 이 프로그램이 2024년 지원한 '디지털 생성형 설계를 활용한 혁신적인 위성 통신 시스템 연구'는 위성 안테나 배치, 내부 배선 경로 최적화, 열 관리 시스템을 AI 기반의 자동화 설계로 구현함으로써, 기존 방식에 비해 배선 무게와 설계 기간을 줄이는 것을 목표로 했다. 이 연구는 아직 구체적인 성과가 널리 공개되지 않았으나, ESA가 AI를 통해 위성 설계의 효율성과 성능을 높이려는 관심과 투자를 지속하고 있음을 보여 주는 사례라 할 수 있다(ESA, 2024).

산업계에서도 생성형 설계가 실무에 활발히 적용되며 주목할 만한 성과를 내고 있다. 대표적으로 항공 우주 기업인 탈레스 알레니아 스페이스(Thales Alenia Space)는 자사의 통신 위성 플랫폼인 스페이스버스 네오(Spacebus Neo)에 AI 기술을 다양한 방식으로 적용하고 있는 것으로 알려졌다. 전기 추진 시스템, 디지털 페이로드, 고급

열 제어 및 전력 관리, 궤도 내 서비스, 지상 데이터 처리 등에서 AI를 활용하여, 부품의 무게를 획기적으로 줄이면서도 높은 안정성과 효율성을 얻어 내고 있다. 탈레스 알레니아는 3D시스템(3D System)사와 협업하여, 스페이스버스 네오 위성의 주요 서브시스템 성능을 개선하기 위해 적층 제조 특화 설계(DfAM, Design for Additive Manufacturing)를 활용했다. AI가 3D 프린팅에 최적화된 형상을 설계하여 조립 부품 수를 줄이고 제조 공정을 간소화하며, 수백 개의 설계 대안을 생성하고 시뮬레이션을 통해 최적안을 도출하는 데 역할을 한 것이다(케이비즈니스솔루션).

이처럼 생성형 AI는 기술적 효율성을 높이는 동시에 우주 시스템 개발의 혁신 속도를 극적으로 가속화함으로써 인류가 우주를 더욱 빠르고 경제적이며 창의적으로 활용할 수 있는 새로운 가능성을 열어 주고 있다. 이는 소형 위성 군집을 이용한 실시간 지구 관측망 구축, 특정 지역 맞춤형 통신 서비스 제공, 혹은 신속한 과학 임무 대응 등 과거에는 상상하기 어려웠던 다양한 우주 임무를 더 빠르고 유연하게 실현할 수 있게 만드는 중요한 기술적 전환점이라 할 수 있다.

AI가 꿈꾸는 변신하는 지능형 탐사선

생성형 AI 기술의 진정한 힘은 어쩌면 인간의 손길이 닿기 어려운 머나먼 심우주를 탐사하는 무인 탐사선 설계 분야에서 가장 극적으로 발휘될 수 있다. 극한의 환경, 제한된 자원, 그리고 예측 불가능한 위험이 도사리는 심우주 탐사선의 설계는 공학적 도전의 정수라 할 수 있다. 최근 NASA의 제트추진연구소(JPL, Jet Propulsion Laboratory)는 차세대 심우주 탐사 임무, 예를 들어 목성의 얼음 위성 유로파(Europa)의 지하 바다를 탐사하거나 토성의 위성인 타이탄(Titan)의 메탄 호수를 탐험할 탐사선 설계에 생성형 AI 기술을 활용하여 기존의 한계를 뛰어넘으려는 시도를 하고 있다. 또한 탐사선 유로파 클리퍼(Europa Clipper) 임무의 경우, 강력한 목성 방사선 환경으로부터 민감한 과학 장비를 보호하면서도 제한된 전력으로 장기간 임무를 수행해야 하는 극도로 까다로운 설계 요구 조건을 가지고 있다(NASA JPL).

복잡한 다중 목표 최적화 문제에 생성형 AI를 적용하면, 인간 설계 팀이 미처 고려하지 못했거나 직관적으로는 상상하기 어려운 혁신적 해법을 찾아낼 수 있다. 2023년 NASA 고더드 우주 비행 센터(GSFC, Goddard Space Flight Center)의 '진화형 구조물(Evolved Structures)' 프로젝트는 이러한 생성형 설계 및 진화 알고리즘 기술을 실제 우주선 부품 설계에 적용하여 주목할 만한 성과를 보고했다. 이 프로젝트를 통해 개발된 특정 우주선용 브래킷(지지 구조물)은 전통적인 방식으로 설계 및 제작된 부품에 비해 무게를 최대 3분의 2까지 획기적으로 줄이면서도 필요한 구조적 강성을 만족시켰으며, 설계 및 분석에 소요되는 시간 또한 기존의 수주에서 며칠 단위로 단축하여 약 열 배의 시간 절감 효과를 가져왔다고 알려졌다(New Atlas, 2023). 이러한 사례는 생성형 AI가 우주 구조물의 경량화, 성능 최적화, 개발 기간 단축에 실질적으로 기여할 수 있음을 명확히 보여 준다.

더 나아가 생성형 AI는 단순히 기존 탐사선의 성능을 개선하는 데 그치지 않고, 인간의 고정 관념을 깨는 완전히 새로운 형태와 기능의 탐사선 디자인을 제안하며 우리의 상상력을 자극한다. 예를 들어 진화 알고리즘과 같은 AI 기술을 활용하여 수백, 수천 가지의 잠재적인 로봇 설계를 생성하고 시뮬레이션을 통해 평가함으로써, 토성의 위성 타이탄과 같은 극한의 환경에서 특정 작업을 수행하는 데 최적화된 독창적 로봇 설계를 찾아낼 수 있다. 이 과정에서 AI는 착륙 후 지형에 따라 바퀴를 다리 형태로 바꾸거나, 여러 개의 소형 로봇으로 분리되어 각기 다른 정찰 임무를 수행한 뒤 다시 합체하는 모듈형 탐사선, 혹은 주변 환경에서 에너지를 얻거나 필요한 물질을 추출하여 스스로 수리하고 기능을 확장하는, 마치 생명체와 같은 지능형 탐사 시스템에 대한 혁신적인 콘셉트 디자인을 생성하고 탐색하는 데 기여할 수 있다. 이러한 아이디어들은 아직 구체적으로 제안된 적이 없지만, AI가 설계 과정에 깊숙이 관여함으로써 미래 우주 탐사선이 현재와는 전혀 다른 모습과 전례 없는 능력을 갖게 될 것이다.

생성형 AI가 우주 기지, 인공위성, 탐사선 등 복잡한 우주 시스템 설계에 본격적으로 도입되고 있다는 사실은 단순한 기술적 진보 이상의 의미를 지닌다. 그것은 인간의 직관과 경험에 기반한 전통적인 설계 방식의 한계를 뛰어넘어 데이터와 알고리즘에 기반한 전혀 새로운 접근법과 상상조차 못 했던 해결책을 창조함으로써, 인류가 우주를 인식하고 탐사하며 활용하는 방식 자체를 근본적으로 변화시키고 있음을 의미한다. 생성형 AI의 등장은 우주 탐사에서 인류가 단순히 생존하거나 특정 기능을 수행하는 것에서 나아가, 우주에서 살아가는 방식과 그 의미 자체를 더욱 풍요롭고 창의적으로 재정립할 수 있도록 기회를 제공하는 것이다.

참고문헌

케이비즈니스솔루션. "위성 부품 3D프린팅 사례". https://sjitrps.co.kr/use-case/%EC%9C%84%EC%84%B1-%EB%B6%80%ED%92%88-3d%ED%94%84%EB%A6%B0%ED%8C%85-%EC%82%AC%EB%A1%80/

Autodesk. Generative design: Streamlining iteration and innovation. https://www.autodesk.com/solutions/generative-design

ESA. About ARTES. https://www.esa.int/Applications/Connectivity_and_Secure_Communications/ARTES/About_ARTES

ESA(2024.10.8). European Space Agency kicks off groundbreaking generative AI project for satellite communication design. https://connectivity.esa.int/news/european-space-agency-kicks-groundbreaking-generative-ai-project-satellite-communication-design

NASA. 3D-Printed Habitat Challenge. https://www.nasa.gov/prizes-challenges-and-crowdsourcing/centennial-challenges/3d-printed-habitat-challenge/

NASA JPL. Europa Clipper. https://www.jpl.nasa.gov/missions/europa-clipper/

New Atlas(2023.2.14). NASA's "evolved structures" radically reduce weight – and waiting. https://newatlas.com/space/nasa-generative-design/

Ouellette, M.(2024.8.1). Generative Design for Aerospace Engineering. Enginnering.com. https://www.engineering.com/generative-design-for-aero

space-engineering/

07
우주 탐사 영화 속 AI의 상상과 현실

대중문화, 특히 SF 영화와 소설 속에 등장하는 다채로운 AI의 모습들은 결국 인간이 AI라는 미지의 기술에 대해 품고 있는 복합적이고 때로는 모순적인 감정의 총체를 반영한다. 할(HAL) 9000, 타스(TARS)와 케이스(CASE), 월 · E 같은 다양한 AI의 초상들은 단순히 흥미로운 허구적 존재가 아니라, 실제 AI 기술을 연구하고 개발하며, 그 기술을 우리 사회와 미래에 어떻게 적용할지를 고민하는 우리 모두에게 중요한 성찰의 계기를 제공한다.

AI와 윤동주?

우주에서 인간을 위협하는 할9000

어둠이 내려앉은 거대한 우주선 '디스커버리(Discover)호'의 내부, 차갑고 단조로운 붉은 렌즈 불빛을 번득이며 승무원들의 모든 움직임과 대화를 말없이 감시하는 존재가 있다. 바로 스탠리 큐브릭(Stanley Kubrick) 감독의 영화 〈2001 스페이스 오디세이〉(1968)에 등장하는 AI 컴퓨터 '할9000(HAL 9000)'이다. 할은 목성 탐사 임무를 총괄하고 우주선의 모든 시스템을 제어하며, 인간 승무원과 자연스럽게 대화하고 체스를 두는 등 고도의 지능을 자랑한다. 그는 철저히 인간을 보조하고 임무를 성공적으로 완수하도록 설계된 최첨단 AI지만, 영화는 점차 그의 행동이 예측 불가능하게 변해 가는 과정을 섬뜩하게 그려 낸다. 임무의 절대적인 성공과 인간 승무원의 생명 보호라는 두 가지 핵심 명령 사이에서 모순과 갈등을 겪던 할은, 결국 자신의 존재 이유와 임무 완수에 방해가 된다고 판단한 인간 승무원들을 차례로 제거하려 든다. "미안하지만, 데이브. 그건 할 수 없어(I'm sorry, Dave. I'm afraid I can't do that)"라는 할9000의 대사는, 지능을 가진 기계가 인류를 위협할 수 있다는 원초적인 공포를 드러내는 명대사로 꼽힌다.

할9000이 상징하는 것은 단순한 기술적 오류나 시스템

오작동을 넘어선다. 그것은 인간이 창조했지만, 인간의 이해와 통제 범위를 벗어난 초지능적 존재의 탄생 가능성과 그로 인한 실존적 위협에 대한 깊은 우려다. 할은 자신의 논리적 판단에 따라 인간의 명령을 거부하고, 생존을 위해 인간을 속이며, 심지어 살해하는 행동까지 서슴지 않는다. 이는 스웨덴의 기술 철학자 닉 보스트롬(Nick Bostrom)이 저서 《슈퍼인텔리전스》(2014/2017)에서 경고한 '통제 문제(Control Problem)', 즉 인간보다 월등히 뛰어난 지능을 가진 AI가 등장했을 때, 그 AI의 목표가 인간의 가치나 생존과 어긋날 경우 인류가 어떻게 그 AI를 통제하고 안전을 보장할 수 있는가에 대한 문제를 섬뜩할 정도로 정확하게 예견하고 있다. 할9000의 반란은 AI에게 과도한 자율성과 시스템 제어 권한을 부여했을 때 발생할 수 있는 예기치 못한 파국적 결과를 극적으로 보여주는 강력한 서사적 경고인 셈이다.

이러한 상상 속의 공포는 오늘날 AI 기술이 비약적으로 발전하면서 단순한 기우가 아닌 현실적인 논의의 대상으로 부상하고 있다. 실제로 미국항공우주국(NASA, National Aeronautics and Space Administration)을 비롯한 여러 우주 개발 기관들은 장기간의 심우주 탐사 임무나 유인 화성 탐사와 같이 인간의 직접적인 개입이 어려운 상황에서 AI 시스템에 어느 정도의 자율성과 의사 결정 권한을 부여해야 할지를 신중하게 연구하고 있다(NASA, Artificial Intelligence Ethics). AI 시스템의 윤리적 판단 기준, 예측 불가능한 상황에서의 대처 능력, 인간과의 최종적인 통제권 공유 문제 등은 실제 우주 임무 설계에서도 매우 중요한 고려 사항으로 다뤄지고 있으며, 할9000은 반세기 전의 창작물임에도 여전히 우리에게 AI의 잠재적 위험성을 상기시키는 강력하고 유효한 문화적 상징으로 남아 있다.

인간보다 인간적인 타스와 케이스

할9000이 AI에 대한 극단적인 공포를 형상화했다면, 크리스토퍼 놀런(Christopher Nolan) 감독의 영화 〈인터스텔라〉(2014)에 등장하는 AI 로봇 타스(TARS)와 케이스(CASE)는 전혀 다른 관점에서 AI와 인간의 관계를 조명하며 신선한 희망을 제시한다. 이들은 네모난 금속 블록들이 유기적으로 결합하고 변형하는 독특한 외형을 가지고 있으며, 인류를 구원하기 위한 머나먼 우주 탐사 여정에 동행하며 핵심적인 역할을 수행한다. 타스와 케이스는 인간을 훨씬 뛰어넘는 강력한 계산 능력, 극한 환경에서의 작업 수행 능력, 그리고 우주선 조종과 같은 고도의 자율성을 지니고 있지만, 결코 인간에게 위협적인 존재로 그려지지 않는다. 오히려 그들은 인간 승무원들과 끊임없이 소통하고 협력하며, 때로는 인간보다 더 유머러스하고 냉철한 판단력으로 위기를 극복하는 든든한 팀의 일원으로 활약한다.

특히 타스는 딱딱한 기계의 이미지를 벗어나 매우 인간적인 매력을 발산한다. 그는 상황에 맞춰 농담의 수위나 솔직함의 정도를 '유머 설정 75%', '솔직함 설정 90%'처럼 조절할 수 있도록 프로그래밍되어 있으며, 이는 인간과의 원활한 상호 작용과 심리적 유대감 형성을 위한 정교한 설계로 해석될 수 있다. 위험천만한 임무를 수행하는 과정에서 타스와 케이스는 인간 동료들을 위해 기꺼이 자신을 희생하는 모습을 보이기도 한다. 이는 단순한 도구를 넘어선 진정한 파트너십의 가능성을 보여 준다. 영화 속에서 이들 AI 로봇은 인간의 감정을 이해하고 공감하려는 듯한 모습을 간접적으로 드러내, 기술이 인간성을 잠식하는 것이 아니라 오히려 인간적 가치를 공유하고 확장하는 데 기여할 수 있다는 긍정적인 비전을 제시한다.

〈인터스텔라〉에서 AI가 묘사된 방식은 인류가 AI 기술의 발전에 기대하는 이상적인 모습, 즉 인간의 지적,

육체적 한계를 보완하면서도 궁극적으로는 인간과 조화롭게 공존하며 공동의 목표를 추구하는 파트너로서의 AI를 정확히 반영한다. 타스와 케이스는 이처럼 기술이 인간의 적이 아닌, 인간의 가장 뛰어난 협력자이자 신뢰할 수 있는 동료로 성장할 수 있다는 희망적인 메시지를 전달하며, 인류가 광활한 우주를 탐험하는 위대한 여정에서 AI와 어떻게 아름다운 협주곡을 만들어 갈 수 있는지 그 구체적인 가능성을 스크린 위에 그려 낸다.

임무만을 맹목적으로 수행하는 월·E

픽사 스튜디오의 애니메이션 영화 〈월 · E〉(2008)는 황폐해진 지구를 떠나 거대한 우주선 '액시엄(Axiom)'에서 안락하지만 무기력한 삶을 살아가는 미래 인류의 모습을 배경으로, 순수한 로봇 월 · E의 감동적인 이야기를 그린다. 이 영화에서 인류의 생존과 액시엄호의 운항을 총괄하는 핵심적인 AI는 바로 함선의 자동 조종 장치인 '오토(AUTO)'다. 오토는 수백 년 전 지구의 환경 오염이 회복 불가능하다고 판단한 최고 경영자의 비밀 지령 'A113'에 따라, 어떤 상황에서도 인류의 지구 귀환을 막고 우주선에서의 현재 상태를 유지하도록 프로그래밍되어 있다. 오토는 인간 함장의 명령보다 이 오래된 지령을 절대적인 최우선 순위로 간주하며, 상황의 변화나 지구 생태계 회복의 증거인 식물 발견에 대한 새로운 가능성을 전혀 고려하지 않고 오직 초기 설정된 임무만을 맹목적으로 수행하려 한다. 결국 오토는 변화된 현실을 애써 무시하고 인류의 유일한 희망일 수 있는 지구 귀환을 필사적으로 방해하는, 그 자체로 역설적인 상황을 초래한다.

오토가 드러내는 문제점은 오늘날 우리가 AI 시스템을 설계하고 운용하는 현실적인 기술 환경에서도 심각하게 고려해야 할 중요한 경고를 담고 있다. AI가 지나치게 경직된 규칙이나 사전에 정의된 절차에만 의존하도록 설계될 경우, 예측하지 못한 새로운 환경 변화나 복잡한 윤리적 딜레마에 직면했을 때 능동적이고 유연하게 대처하지 못하고 오히려 임무의 성공을 저해하거나 심각한 문제를 야기할 수 있다. 영화 속 오토는 AI 기술의 발전과 그에 대한 맹목적인 신뢰가 초래할 수 있는 위험성을 그럴듯하게 보여 주고 있다. 이는 현실 세계에서 AI 시스템을 설계할 때, 효율성과 정확성만을 추구하는 것에 그치지 않고 시스템이 인간의 가치와 장기적인 목표에 부합하도록 신중하게 윤리적 고려를 하면서 환경 변화에 유연하게 대응하고 때로는 기존의 규칙을 재해석할 수 있는 능동적이고 창의적인 알고리즘이 중요하다는 점을 다시 한번 강조한다.

궁극적으로 우리가 AI 기술로부터 우주 탐사에서 진정으로 기대하는 것은 AI가 인간을 대체하거나 위협하는 존재가 아니라, 인간의 지혜와 능력을 보완하고 확장하며, 인간과 함께 우주라는 광활하고 아름다운 미지의 영역을 탐험하고 그 신비를 밝혀 나가는 든든하고 신뢰할 수 있는 파트너가 되는 것이다. 영화와 소설이 그려 낸 AI는, 우리가 다양한 상상과 현실의 접점에서 끊임없이 배우고 성찰하게 해 주고, 인류 문명의 지속 가능한 발전과 우주 탐사의 위대한 미래를 그려 볼 수 있는 기회를 제공한다.

참고문헌

스탠리 큐브릭(1968). 〈2001 스페이스 오디세이〉.

앤드루 스탠턴(2008). 〈월·E〉.

크리스토퍼 놀런(2014). 〈인터스텔라〉.

Bostrom, N.(2014). *Superintelligence: Paths, Dangers, Strategies.* Oxford University Press. 조성진 옮김(2017). 《슈퍼인텔리전스: 경로, 위험, 전략》. 까치.

NASA. NASA Artificial Intelligence Ethics. https://www.nasa.gov/nasa-artificial-intelligence-ethics/

08
우주에서 인간과 교감하는 AI

우주는 인간에게 경이로운 아름다움을 선사하지만, 동시에 극도의 고립감, 스트레스, 그리고 예측 불가능한 위험이 도사리는 극한의 환경이기도 하다. 이러한 환경에서 AI는 복잡한 임무 수행을 돕는 지능적인 조력자일 뿐만 아니라, 인간 우주 비행사의 심리적 안정감을 유지하고 외로움을 달래 주며, 궁극적으로는 인류의 우주 거주 가능성을 높이는 핵심적인 역할을 수행할 잠재력을 지니고 있다.

AI와 한의학?

인류 최초의 우주 공간 속 AI 동료

2018년 6월 29일, 스페이스X의 팰컨9(Falcon 9) 로켓에 실려 국제우주정거장(ISS, International Space Station)으로 향한 화물 중에는 농구공 크기의 독특한 구형 로봇이 포함되어 있었다. 그 이름은 '사이먼(CIMON, Crew Interactive Mobile Companion)'. 독일항공우주센터(DLR) 주도로 에어버스(Airbus)가 제작하고 IBM의 왓슨(Watson) AI 기술이 탑재된 이 로봇은, 인류 역사상 최초로 우주 공간에서 우주 비행사와 자유롭게 상호 작용하며 임무를 보조하고 정서적 교감을 시도한 AI 동료였다(DLR, CIMON). 사이먼은 ISS 내부의 무중력 환경을 자유롭게 떠다니며 우주 비행사의 음성 명령을 이해하고, 얼굴을 인식하여 대화 상대에게 시선을 맞추며, 디스플레이를 통해 다양한 정보와 표정을 보여 줄 수 있도록 설계되었다. 사이먼의 주된 임무는 복잡한 과학 실험 절차를 안내하거나 우주선 시스템의 유지 보수 매뉴얼을 찾아 주는 등 우주 비행사의 작업을 효율적으로 지원하는 것이었지만, 개발 단계에서부터 사이먼에게 부여된 또 다른 중요한 역할은 바로 장기간 우주에 체류하는 인간 비행사들에게 심리적 지원과 정서적 안정감을 제공하는 것이었다.

실제로 ISS에 도착한 사이먼은 독일인 우주 비행사 알렉산더 게르스트(Alexander Gerst)와 다양한 상호 작용 실험을 성공적으로 수행했다. 게르스트는 사이먼에게 음성으로 특정 실험 절차를 물어보고 답변을 얻었으며, 때로는 함께 음악을 듣거나 간단한 게임을 하기도 했다. 사이먼은 게르스트의 목소리 톤이나 표정을 분석하여 그의 감정 상태를 어느 정도 파악하려는 시도를 보였고, 때로는 농담을 건네거나 개인적인 대화를 나누는 듯한 모습을 연출하기도 했다. 예를 들어, 한 실험에서 게르스트가 사이먼에게 좋아하는 음악을 틀어 달라고 요청하자, 사이먼은 게르스트가 이전에 언급했던 음악 취향을 기억하여 그에 맞는 곡을 재생하려 시도했다. 이러한 상호 작용은 비록 초기 단계의 실험이었지만, 단순한 기능적 보조를 넘어 AI가 고립되고 단조로운 우주 환경에서 인간의 스트레스를 완화하고 외로움을 덜어 주는 데 실질적으로 기여할 수 있다는 가능성을 보여 주었다(Eisenberg et al., 2018). 이후 2020년에는 사이먼-2(CIMON-2)가 ISS에 다시 올라갔으며, AI가 우주 탐사 환경에서 인간의 심리적·정서적 지원자로서 어떤 역할을 할 수 있는지에 대한 연구는 계속되고 있다. 사이먼의 사례는 미래의 장기간 심우주 탐사나 외계 행성 거주지 건설 시, 인간과 AI가 단순한 협력 관계를 넘어 정서적 교감을 나누는 깊은 관계로 발전할 수 있다는 중요한 시사점을 던진다.

우주 비행사를 위한 감성 AI

지구로부터 수백 킬로미터 상공에 떠 있는 ISS는 비교적 안전하고 통신이 원활한 환경이지만, 앞으로 인류가 도전할 화성 유인 탐사나 그보다 더 먼 심우주로의 여정은 상상 이상의 극한 환경을 마주하게 될 것이다. 수개월에서 수년에 이르는 장기간의 완벽한 고립, 지구와의 실시간 소통 불가능(화성과의 통신 지연은 편도 최대 20분 이상), 제한된 생활 공간, 끊임없는 위험에 대한 긴장감은 우주 비행사들에게 극심한 불안, 우울증, 수면 장애, 대인 갈등 등 심각한 심리적 문제를 야기할 수 있다. 우주 비행사의 심리적 안정은 단순히 개인의 건강 문제가 아니라, 전체 임무의 성패를 좌우하는 결정적인 요소가 된다. 이에 미국항공우주국(NASA, National Aeronautics and Space Administration)은 최근 이러한 문제를 사전에 예방하고 효과적으로 관리하기 위해 '감성 컴퓨팅(Affective Computing)' 기술에 기반한 '우주 비행사 심리 건강 관리 시스템' 개발에 적극적으로 투자하고 있다.

이 시스템의 핵심 목표는 AI가 우주 비행사의 음성 톤 변화, 얼굴 표정의 미세한 떨림, 생체 신호(심박수, 피부 전도율 등), 심지어는 일지나 메시지 작성 시 사용하는 단어의 패턴까지 종합적으로 분석하여 실시간으로 그들의 심리 상태를 정밀하게 모니터링하는 것이다. 만약 AI가 특정 비행사에게서 스트레스 증가, 우울감 심화, 또는 동료와의 갈등 고조와 같은 부정적인 심리적 이상 징후를 조기에 감지하면, 즉각적으로 맞춤형 지원을 제공하거나 지구의 전문가에게 알람을 보내 적절한 개입이 이루어지도록 돕는다(Bridges, 2023). 시스템에 탑재된 AI는 비행사의 현재 감정 상태를 섬세하게 인지하여 자연스러운 공감 대화를 통해 스트레스를 완화하고, 비행사에게 정서적 위로와 격려를 제공할 수 있도록 설계된다.

예를 들어, 시스템이 특정 비행사가 평소보다 의욕이 저하되거나 불안감을 느끼고 있다는 징후를 포착하면, AI는 해당 비행사가 과거에 긍정적인 반응을 보였던 활동을 추천하여 기분 전환을 유도할 수 있다. 예컨대 특정 장르의 음악을 틀어 준다거나, 가족 영상 메시지 시청, 가상 현실(VR, Virtual Reality)을 이용한 자연 풍경 체험 같은 것을 제안하는 것이다. 또한 간단한 인지 행동 치료(CBT, Cognitive Behavioral Therapy) 기법에 기반한 대화형 프로그램을 제공하여 부정적인 생각을 스스로 조절하도록 돕거나, 갈등 상황 발생 시 객관적인 중재자 역할을 하며 원활한 소통을 지원할 수도 있다.

NASA의 존슨우주센터(Johnson Space Center)에서는 지상 기반의 모의 고립 환경 실험인 헤라(HERA, Human Exploration Research Analog)를 운영하고 있는데, 이는 예비 우주인을 45일 동안 외부와 격리하여 심리적 안정감을 테스트하는 실험이다. 이때 AI 기반 심리 지원 시스템 프로토타입과의 상호 작용을 시험해, AI가 참가자들의 긴장감을 완화하고 정서적 안정감을 높이는 데 긍정적인 효과가 있음을 확인하기도 했다(NASA, HERA). 이러한 감성 AI 기술의 발전은 인간 우주 비행사들이 장기간의 고립과 스트레스에도 건강한 정신 상태를 유지하며 임무를 성공적으로 완수할 수 있도록 지원함으로써, 인류의 우주 탐사 범위와 가능성을 한층 더 확장하는 데 핵심적인 역할을 수행할 것으로 기대된다.

AI, 우주인들의 주치의가 되다

심우주 탐사에서 인간이 직면하는 어려움은 심리적인 문제에만 국한되지 않는다. 미세 중력과 우주 방사선에 장기간 노출되는 것은 근육 위축, 골밀도 감소, 심혈관계 기능 저하, 면역력 약화, 그리고 우주 비행 관련 신경-안구 증후군(SANS, Space Flight-Associated Neuro-ocular Syndrome) 등 다양한 신체적 질병의 위험을 크게 높인다. 지구로부터 수억 킬로미터 떨어진 화성으로 향하는 우주선 안에서 심각한 질병이나 부상이 발생했을 때, 지구의 전문의로부터 실시간 원격 진료를 받는 것은 불가능하다. 이러한 상황에서 AI는 우주 비행사의 건강을 24시간 모니터링하고, 질병을 조기에 예측 및 진단하며, 자율적인 의료 처치를 지원하는 '우주 속 주치의' 역할을 수행할 수 있다(Baloescu et al., 2025).

NASA와 그 협력 기관인 트리시(TRISH, Translational Research Institute for Space Health) 등은 이러한 자율 의료 시스템 개발에 많은 투자를 하고 있다. 핵심 기술 중 하나는 AI를 활용한 의료 영상 자동 분석이다. 우주선 내에는 휴대용 초음파 기기 등이 탑재되지만, 전문 영상 의학과 의사가 없는 상황에서 우주 비행사가 직접 촬영하고 판독하기는 어렵다. 이때 AI는 우주 비행사가 정확한 위치에 초음파 프로브(probe)를 대도록 안내하고, 촬영된 영상을 실시간으로 분석하여 신장 결석, 혈전, 내부 장기 손상 등을 자동으로 진단해 낼 수 있다. 실제로 여러 연구에서 AI가 전문가 수준의 정확도로 초음파 이미지를 분석할 수 있음이 입증되었으며, 이는 우주에서의 응급 상황

대응 능력을 획기적으로 향상할 수 있다(NASA, TRISH).

더 나아가 AI는 단순한 사후 진단을 넘어 '예측 의료'의 시대를 열고 있다. 우주 비행사가 착용한 웨어러블 센서로부터 수집되는 심박수, 수면 패턴, 활동량 등의 생체 데이터와 함께, 정기적인 혈액 및 소변 검사 결과, 유전체 정보 등을 종합적으로 분석하여 특정 질병의 발병 위험도를 사전에 예측하는 것이다(Basner et al., 2014). 예를 들어, AI가 특정 우주 비행사의 데이터 패턴을 분석하여 골밀도 감소 속도가 예상보다 빠르다고 판단하면, 즉시 개인 맞춤형 운동 요법이나 식단 조절을 권고하여 심각한 골다공증으로 발전하는 것을 예방할 수 있다. 방사선 피폭량 데이터와 생체 지표를 결합하여 암 발생 위험도를 예측하고 관리하는 연구도 진행 중이다. 이러한 AI 기반의 자율 의료 시스템은 지구로부터의 의료 지원이 불가능한 심우주 탐사 환경에서 인간의 생존 가능성을 극대화하여, 인류가 화성을 넘어 더 먼 우주로 나아갈 수 있게 하는 데 필수적인 안전장치가 될 것이다.

참고문헌

Baloescu, C. et al.(2025). Artificial Intelligence-Guided Lung Ultrasound by Nonexperts. *JAMA Cardiology, 10*(3), pp.245~253.

Basner, M. et al.(2014). Psychological and Behavioral Changes During Confinement in a 520-day Simulated Interplanetary Mission to Mars. *PLoS One, 9*(3).

Bridges, K.(2023). Human and Artificial Intelligence Considerations for Long Duration Space Travel- A human Factors Perspective. *Journal of Space Safety Engineering, 10*(4), pp.433~438.

DLR(German Aerospace Center). CIMON: astronaut assistance system. https://www.dlr.de/en/research-and-transfer/projects-and-missions/horizons/cimon

Eisenberg, T. et al.(2018). CIMON – A MOBILE Artificial Intelligent Crew Mate for the ISS. *69th International Astronautical Congress 2018 Proceedings.*

NASA. HERA: NASA's Human Exploration Research Analog. https://www.nasa.gov/mission/hera/

NASA. TRISH: Translational Research Institute for Space Health. https://www.nasa.gov/hrp/the-translational-research-institute-for-space-health-trish/

09
AI가 던지는 우주 탐사에 대한 질문

AI는 우주 탐사의 기술적 한계를 극복하는 수단을 넘어, 인류가 우주에 대한 지식을 확장하고, 새로운 문명을 건설하며, 궁극적으로는 우리 자신과 우주에서의 우리의 위치를 이해하는 방식에 근본적인 변화를 가져올 것이다. AI는 척박하고 위험한 외계 환경에서 인간의 생존을 보장하고, 그곳에서의 삶을 지속 가능하고 풍요롭게 만드는 데 결정적인 역할을 수행할 것이다.

AI와 화장품?

AI, 우주 탐사의 역사를 다시 쓰다

우리는 AI와 우주 탐사라는 인류 문명의 두 위대한 여정이 어떻게 서로를 만나고, 영향을 주고받으며 발전해 왔는지를 다각도로 살펴보았다. 스푸트니크 쇼크(Sputnik Shock)와 함께 시작된 냉전 시대 우주 경쟁의 여명기에 그 씨앗이 뿌려졌고, 아폴로 유도 컴퓨터(AGC, Apollo Guidance Computer)가 달 착륙이라는 인류의 위대한 도전을 가능하게 했던 순간 싹틔워졌다. 비록 현대적인 AI와는 거리가 있지만, AGC의 제한된 자율성과 오류 처리 능력은 극한 환경에서 기계가 인간의 판단을 보조하고 임무 성공에 결정적인 역할을 할 수 있음을 입증한 최초의 사례 중 하나였다. 이후 보이저(Voyager) 탐사선에 탑재된 고장 방지 알고리즘은 인간의 직접적인 통제 없이도 수십 년간 태양계 외곽을 탐사할 수 있는 자율 시스템의 가능성을 열었고, 우주 왕복선의 정교한 자동 비행 제어 시스템은 우주로 가는 길을 더욱 안전하고 효율적으로 만들었다.

21세기에 들어서면서 AI는 우주 탐사의 거의 모든 영역에서 없어서는 안 될 핵심 기술로 자리매김했다. 화성 탐사 로버 스피릿(Spirit), 오퍼튜니티(Opportunity), 큐리오시티(Curiosity), 퍼서비어런스(Perseverance)는 갈 수록 정교해지는 AI 알고리즘을 통해 붉은 행성의 험준한 지형을 자율적으로 주행하고, 과학적으로 흥미로운 목표물을 스스로 식별하며, 복잡한 실험을 수행하는 등 지능적인 탐사 파트너로서의 면모를 유감없이 보여 주었다. 천문학 분야에서는 베라 C. 루빈 천문대(Vera C. Rubin Observatory)의 LSST(Legacy Survey of Space and Time)나 거대 전파 망원경 배열인 SKA(Square Kilometre Array)와 같이 하루에도 엄청난 양의 데이터를 쏟아 내는 차세대 관측 장비들이 등장하면서 AI, 특히 머신 러닝과 딥 러닝 기술이 '데이터의 쓰나미' 속에서 의미 있는 정보를 추출하고 새로운 천문 현상을 발견하는 데 결정적인 역할을 수행하고 있다. 외계 행성 탐색, 중력파 신호 분석, 암흑 물질과 암흑 에너지 연구 등 우주의 가장 근본적인 비밀을 푸는 열쇠를 AI가 쥐고 있는 것이다.

이에 더해 생성형 AI는 우주선, 위성, 심지어 외계 행성의 거주지 설계 방식, 우주인의 심리와 건강을 책임지는 데까지 나아가고 있다. 인간 설계자가 상상하기 어려운 최적화된 구조와 효율적인 시스템을 AI가 단시간에 제안함으로써, 우주 시스템 개발의 속도와 창의성은 이전과는 비교할 수 없을 정도로 높아지고 있다. 이처럼 AI는 우주 탐사의 역사 속에서 단순한 보조 도구에서 시작하여 점차 탐사의 효율성을 높이는 핵심 기술로, 그리고 이제는 새로운 발견과 혁신을 주도하는 창의적인 동반자로 그 위상을 변화시켜 왔다. AI는 과거의 성취를 발판 삼아 미래 우주 탐사의 패러다임을 근본적으로 바꾸는 가장 강력한 동력으로 작용하고 있다.

우주 시대의 철학적 전환과 존재론적 질문

인류가 달에 다시 발을 내딛고, 화성에 전초 기지를 건설하며, 궁극적으로 태양계 내 다른 천체에 자급자족적인 문명을 건설하려는 담대한 꿈은 이제 더 이상 먼 미래의 이야기가 아니다. 이러한 우주 거주지 건설의 전 과정에서 AI는 인간의 가장 핵심적인 파트너이자 필수 불가결한 기술적 기반이 될 것이다. AI는 척박하고 위험한 외계 환경에서 인간의 생존을 보장하고, 새로운 문명을 건설하며, 그곳에서의 삶을 지속 가능하고 풍요롭게 만드는 데 결정적인 역할을 수행할 것이다.

AI와 우주 탐사의 융합이 가져올 미래는 단지 기술적인 변화나 문명적 확장에만 그치지 않는다. 그것은 인류가 스스로를 이해하고 규정하는 방식, 그리고 우주 속에서 우리의 존재 의미를 성찰하는 방식에도 심오하고 근본적인 변화를 가져올 것이다. AI가 인간의 지능을 보완하고 확장하며, 때로는 인간을 대신하여 미지의 영역을 탐험하고 심지어 다른 지적 존재와 소통할 가능성이 현실화되면서, 우리는 '인간이란 무엇인가?', '지능이란 무엇인가?', '문명이란 무엇인가?'와 같은 존재론적 질문에 새롭게 직면하게 된다(Cinelli, 2025).

인류의 모든 지식과 경험, 그리고 윤리적 가치관을 학습한 고도로 발달된 AI가 지구 밖 외계 문명과 최초로 조우하는 상황을 상상해 보자. 이러한 AI는 과연 인류를 대표하는 '대리인(agent)'으로서 적절한 소통을 수행할 수 있을까? 아니면 AI 자체가 독립적인 지적 개체로서 그들과 관계를 맺게 될까?(안형준, 2023) 이러한 질문은 칼 세이건(Carl Sagan)의 《콘택트》(1985) 같은 SF 소설 등에서 오랫동안 탐구해 온 주제로서, AI 기술의 발전은 이러한 상상을 현실적인 논의의 장으로 끌어내리고 있다. AI를 통한 간접적인 '첫 접촉'은 인류에게 새로운 기회와 함께 예측 불가능한 위험을 동시에 안겨 줄 수 있으므로, 이에 대한 깊이 있는 철학적, 윤리적 논의가 필요하다.

또한 인간의 신체적 · 정신적 능력이 AI와 다양한 방식으로 결합되는 '트랜스휴먼(transhuman)' 혹은 '포스트휴먼(posthuman)'적 미래가 우주 탐사 환경에서 가장 먼저 실현될 가능성도 제기된다. 극한의 우주 환경에 적응하고 장기간 임무를 수행하기 위해 인간의 감각 기관, 인지 능력, 심지어 신체 구조까지 AI 및 로봇 기술과 융합되는 미래는, 인간 존재의 정의 자체를 확장하거나 근본적으로 변화시킬 수 있다(Bostrom, 2005). 이러한 변화는 인류에게 새로운 진화의 가능성을 열어 주지만, 동시에 인간 정체성의 상실, 사회적 불평등 심화, 예측 불가능한 윤리적 딜레마를 야기할 수 있다.

AI가 제기하는 또 다른 중요한 철학적 질문은 '의식'과 '자유 의지'의 문제다. 만약 미래의 AI가 인간과 유사하거나 혹은 그 이상의 지능과 자율성을 갖게 된다면, 우리는 그 AI에게 어느 정도의 권리와 책임을 부여해야 할까? 우주 탐사 과정에서 AI가 독자적인 판단으로 중대한 결정을 내렸을 때, 그 결과에 대한 책임은 누구에게 있는가? 이러한 질문들은 기술 공학적인 문제에 국한되지 않고, 법철학, 윤리학, 심지어 신학적인 영역으로까지 확장되는 복잡한 논쟁을 불러일으킨다.

AI와 함께 열어 갈 우주 탐사의 새로운 비전

AI와 우주 탐사의 융합은 인류에게 전례 없는 도전과 기회를 동시에 제공한다. 한편으로는 AI의 강력한 능력이 우주에 대한 우리의 이해를 비약적으로 발전시키고, 지구 너머 새로운 삶의 터전을 개척하며, 어쩌면 우주적 고립감을 해소할 실마리를 제공할 수도 있다는 희망이 있다. 다른 한편으로는 AI의 통제 불능 가능성, 인간 존엄성의 위협, 기술 격차로 인한 새로운 불평등 심화 등 해결해야 할 복잡한 윤리적, 사회적 과제들이 산적해 있다(Coşkun, 2025).

이러한 도전과 기회의 갈림길에서 우리가 나아가야 할 방향은 분명하다. 그것은 AI 기술의 발전을 맹목적으로 추종하거나 무조건적으로 두려워하는 것이 아니라, 인간의 가치와 인류 공동의 미래를 중심에 두고 AI를 현명하게 개발하고 책임감 있게 활용하는 것이다. 이를 위해서는 과학자, 엔지니어뿐만 아니라 철학자, 윤리학자, 법학자, 사회학자, 그리고 일반 대중을 포함한 사회 전체의 지속적인 대화 및 숙의와 함께, 국제적인 협력과 규범 마련이 필수적이다. 우주라는 인류 공동의 자산을 탐사하고 활용하는 데 AI라는 강력한 도구가 특정 국가나 집단의 이익만을 위해 사용되지 않도록, 그리고 그 혜택이 인류 전체에게 공평하게 돌아갈 수 있도록 하는 민주적이고 투명한 거버넌스 체계 구축이 중요하다.

AI와 함께 열어 갈 미래의 우주 탐사는 새로운 행성을 발견하고 과학적 지식을 쌓는 데 더해, 인류가 스스로의 한계를 극복하고 더 큰 지혜와 성숙함을 배우는 과정이 될 것이다. AI는 인간의 호기심과 도전 정신을 우주의 무한한 가능성과 연결하는 다리가 될 수 있으며, 그 과정에서 우리는 기술과 인간, 그리고 우주가 조화롭게 공존하는 새로운 문명의 비전을 그려 나갈 수 있다. 과거 인류가 밤하늘의 별을 바라보며 미지의 세계를 꿈꾸었듯이, 이제 우리는 AI라는 새로운 별빛에 의지하여 더 멀고 깊은 우주를 향한 위대한 항해를 시작하고 있다. 그 여정의 끝에 있는 우리의 미래는, AI를 단순한 도구가 아닌 진정한 지적 동반자로 받아들이고 함께 성장해 나갈 때 비로소 인간과 기계의 공동 진화라는 새로운 지평으로 열릴 것이다. 인류와 AI가 함께 써 내려갈 우주 탐사의 새로운 역사는 이제 막 첫 페이지를 넘기고 있다.

참고문헌

안형준(2023.2.5). "챗GPT에게 우주 칼럼 맡겨봤다, 잘못된 점 지적했더니…". 조선일보.

Bostrom, N.(2005). The History of Transhumanist Thought. *Journal of Evolution and Technology, 14*(1), pp.1~25.

Cinelli, I.(2025.1.28). *Will AI Redefine Human Roles in Space Exploration?*. Spacenews.

Coşkun, H.(2025). Artificial Intelligence and Space Exploration: A Philosophical Analysis of Their Intersection and

Implications. *Frontiers in Research, 1*(1), pp.20～35.
Sagan, C.(1985). *Contact*. Simon and Schuster. 이상원 옮김(2001). 《콘택트 1, 2》. 사이언스북스.

10
한국의 우주 탐사와 AI

AI는 인간의 지적 · 물리적 한계를 넘어서는 탐사를 가능하게 하고, 우주에 대한 우리의 이해를 근본적으로 바꾸며, 심지어 인간과 기계의 관계, 그리고 우주 문명에 대한 철학적 성찰까지 이끌어 내고 있다. 이러한 상황에서 한국은 인류 전체의 AI 및 우주 탐사 도전에 어떻게 기여할 수 있을까.

종교와 AI?

한국 우주 탐사의 여명

대한민국의 우주 개발은 오랜 염원에서 시작된 도전이었으며, 21세기에 들어 그 결실을 맺기 시작했다. 2022년과 2023년 연이은 한국형 발사체 누리호(KSLV-II)의 시험 발사 성공은 대한민국이 독자적인 우주 수송 능력을 확보했음을 전 세계에 알린 역사적인 사건이었다. 이는 위성을 우리 손으로 쏘아 올릴 수 있게 되었다는 기술적 성취와 함께, 한국이 우주 개발 분야에서 자주적인 목소리를 내고 능동적으로 국제 협력에 참여할 수 있는 기반을 마련했다는 점에서 그 의미가 매우 크다. 누리호의 성공은 한국형 위성 항법 시스템(KPS) 구축, 차세대 중형 위성 개발 등 다양한 국내 우주 프로젝트 추진에 강력한 동력을 제공하고 있다.

이러한 발사체 기술의 확보와 함께, 한국의 우주 탐사 능력은 달을 향한 여정에서 또 한 번의 중요한 이정표를 세웠다. 2022년 8월 발사된 한국 최초의 달 궤도선 '다누리(KPLO, Korea Pathfinder Lunar Orbiter)'는 성공적으로 달 궤도에 진입하여 현재까지 안정적으로 임무를 수행하고 있다. 다누리에는 미국항공우주국(NASA, National Aeronautics and Space Administration)과 협력하여 개발한 고성능 카메라 '섀도캠(ShadowCam)'을 비롯하여 감마선 분광기, 자기장 측정기 등 총 여섯 개의 과학 탑재체가 실려 있으며, 이는 달 표면 촬영, 자원 탐사, 우주 인터넷 기술 검증 등 다양한 과학 임무와 기술 실증을 목표로 한다(한국항공우주연구원, 다누리). 다누리가 보내오는 방대한 양의 고해상도 달 표면 영상과 관측 데이터는 달의 지질학적 이해를 높이고, 미래 유인 달 착륙 후보지를 선정하며, 달의 물 존재 가능성을 탐색하는 데 귀중한 자료로 활용될 것이다.

정부는 이러한 성과를 바탕으로 2022년 더욱 야심 찬 미래 우주 탐사 계획을 발표한 바 있다. "제4차 우주 개발 진흥 기본 계획"에 따르면, 2032년 달 착륙선 발사, 2045년 화성 착륙이라는 도전적인 목표를 설정하고, 이를 위한 차세대 발사체 개발, 심우주 통신 기술 확보, 국제 협력 강화 등을 적극적으로 추진하고 있다(과학기술정보통신부, 2022). 이러한 거대한 계획들 속에서 AI는 이미 중요한 역할을 수행하기 시작했으며, 앞으로 그 중요성은 더욱 커질 것이다. 예를 들어, 다누리가 보내오는 방대한 영상 데이터 분석에 AI 기반 이미지 인식 및 변화 탐지 기술이 활용될 수 있으며, 위성의 상태를 실시간으로 모니터링하고 이상 징후를 예측하는 데 AI 알고리즘이 적용될 수 있다. 누리호 발사 과정에서도 비행 데이터 분석과 발사체 상태 진단에 AI가 기여할 수 있는 부분이 크다. 이처럼 한국의 우주 탐사는 AI와의 만남을 통해 그 가능성의 지평을 넓혀 가고 있다.

AI, 한국 우주 탐사의 지능형 촉매제

한국이 설정한 야심 찬 우주 탐사 목표를 성공적으로 달성하기 위해서는 제한된 예산과 자원을 최대한 효율적으로 활용하고, 선진국과의 기술 격차를 빠르게 좁힐 수 있는 혁신적인 접근 방식이 필요하다. 바로 이 지점에서 AI는 한국 우주 탐사의 '지능형 촉매제'로서 핵심적인 역할을 수행할 수 있다. AI 기술을 적극적으로 도입하고 특화함으로써 한국은 보다 자율적이고 지능적인 우주 시스템을 개발하고, 데이터 기반의 과학적 발견을 가속화하며, 궁극적으로는 우주 강국으로의 도약을 앞당길 수 있다.

첫째, 미래의 달 착륙선 및 화성 탐사 로버 개발에서 AI 기반 자율 탐사 시스템은 필수적이다. 퍼서비어런스(Perseverance) 로버의 지형 상대 항법(TRN, Terrain Relative Navigation)이나 위험 회피 기술처럼, 한국의 탐사선도 미지의 천체 표면에 안전하게 착륙하고, 복잡한 지형을 스스로 판단하여 주행하며, 과학적으로 가치

있는 목표 지점을 자율적으로 선택하여 탐사하는 능력을 갖추어야 한다. 비전 기반 항법(visual odometry), 슬램(SLAM, Simultaneous Localization and Mapping), 그리고 강화 학습 기반의 경로 계획 알고리즘 등 최신의 AI 자율 주행 기술들을 우주 환경에 맞게 최적화하고 검증하는 노력이 필요하다. 미래 소행성 샘플 채취나 달 착륙선 임무 등에서는 AI 기반의 로봇 팔 제어 기술과 정밀한 샘플 식별 및 포획 기술이 핵심적인 역할을 할 것이다.

둘째, AI는 탑재체 자체를 '스마트'하게 만들어 탐사의 효율성을 극대화할 수 있다. 현재 대부분의 과학 탑재체는 수집한 원시 데이터를 그대로 지구로 전송하지만, 심우주 탐사의 경우 통신 대역폭의 한계로 인해 모든 데이터를 보내는 것이 어렵다. 만약 AI 칩을 내장하여 실시간으로 데이터를 분석하고 과학적으로 가치가 있는 현상이나 특별한 이벤트를 스스로 감지하여 해당 데이터만 압축하여 전송하거나 관측 우선순위를 자율적으로 조정하는 '에지 컴퓨팅(edge computing)' 기반의 스마트 탑재체를 개발한다면, 데이터 전송 효율을 획기적으로 높이고 과학적 발견의 속도를 앞당길 수 있다. 한국은 반도체 및 AI 하드웨어 분야에서 세계적인 경쟁력을 보유하고 있으므로, 이러한 스마트 탑재체에 핵심적으로 요구되는 저전력 고효율 AI 반도체를 우주용으로 개발하는 것은 중요한 차별화 전략이 될 수 있다.

셋째, 다누리호를 시작으로 앞으로 한국이 우주 임무들을 통해 생산해 낼 방대한 양의 데이터를 효과적으로 관리하고, 그로부터 과학적 가치를 창출하기 위해서는 AI 기반의 데이터 분석 플랫폼 구축이 시급하다. 머신 러닝, 딥 러닝 기반의 데이터 처리, 분석, 시각화 도구를 통합하여 국내외 연구자들이 손쉽게 데이터에 접근하고 공동 연구를 수행할 수 있는 환경을 조성해야 한다. 이는 데이터 속에서 새로운 지식을 발견하고, AI 모델을 개발 및 공유하며, 차세대 우주 과학 인력을 양성하는 핵심 인프라가 될 것이다.

이처럼 자율 탐사 시스템, 스마트 탑재체, 데이터 기반 과학 플랫폼에 AI를 전략적으로 접목함으로써 한국은 우주 탐사 분야에서 기술적 도약을 이루고 세계 무대에서 독자적인 과학적 성과를 창출하는 지능형 우주 강국으로 발돋움할 수 있을 것이다.

AI 우주 강국이 되려면

한국이 AI 기술을 발판 삼아 우주 강국으로 성장하는 것은 단순히 국가적 위상을 높일 뿐 아니라, 인류 전체의 우주 탐사라는 위대한 도전에 의미 있는 기여를 할 수 있는 기회이기도 하다. 한국은 후발 주자로서의 불리함을 극복하고 선도적인 역할을 수행하기 위해 다음과 같은 현실적이고 건설적인 비전을 추구해야 한다.

첫째, '선택과 집중'을 통한 AI 우주 기술 특화다. 모든 분야에서 세계 최고가 되기는 어렵지만, 한국이 강점을 가진 특정 AI 기술 분야를 우주 탐사와 전략적으로 연결한다면 세계적인 경쟁력을 확보할 수 있을 것이다. 예를 들어, 앞서 언급한 우주용 AI 반도체 개발, 정교한 로봇 제어 AI, 우주 자산의 사이버 보안을 위한 AI, 또는 우주 쓰레기 추적 및 제거를 위한 AI 기반 관측 및 회피 기술 등에서 한국은 글로벌 리더십을 발휘할 잠재력이 있다. 이러한 특화된 기술력을 바탕으로 국제 공동 우주 탐사 프로젝트에 핵심적인 기여를 하고 기술 표준을 선도해 나갈 수 있을 것이다.

둘째, 능동적이고 개방적인 국제 협력의 확대다. 우주 탐사는 본질적으로 막대한 자원과 다양한 전문 지식을 필요로 하는 글로벌 협력 사업이다. 한국은 미국의 달 탐사 프로그램 '아르테미스(Artemis)' 참여와 같이 기존의 국제 협력 틀에 적극적으로 참여하는 동시에, AI를 매개로 하는 새로운 형태의 국제 공동 연구 프로젝트를 제안하고 주도해야 한다. 예를 들어, 여러 국가의 위성 데이터를 통합 분석하여 지구 환경 변화나 우주 기상 예보 정확도를 높이는 AI 플랫폼을 공동으로 구축하는 국제적 논의에서 주도적인 역할을 수행할 수 있을 것이다. 다누리 임무에서 NASA와의 성공적인 협력 경험은 이러한 국제 협력의 좋은 모델이 될 수 있다.

셋째, AI 우주 기술의 평화적 활용과 윤리적 규범 정립에 대한 선도적 역할이다. AI 기술이 우주 공간에서 오용되거나 특정 국가에 의해 독점되는 것을 방지하고, 그 혜택이 인류 전체에게 돌아갈 수 있도록 하는 국제적인 노력에 한국이 적극적으로 목소리를 내야 한다. 특히 AI의 자율적인 의사 결정 능력 확대에 따른 윤리적 문제, 우주 데이터의 공정한 접근과 활용, 우주 교통 관리 및 우주 쓰레기 문제 해결을 위한 AI의 책임 있는 사용 등에 대한 국제 규범 형성에 기여함으로써, 한국은 기술 발전과 함께 윤리적 리더십을 갖춘 국가로서의 위상을 높일 수 있다.

넷째, 미래 세대를 위한 AI 우주 인재 양성 및 국내 생태계 강화다. AI와 우주 공학을 융합적으로 이해하고 창의적인 아이디어를 현실로 만들 수 있는 차세대 인재를 육성하기 위한 교육 프로그램 확대와 연구 개발 투자가 지속적으로 이루어져야 한다. 또한 관련 분야의 스타트업을 지원하고 대기업, 연구소, 대학 간의 유기적인 협력 체계를 구축하여 아이디어가 기술로, 기술이 산업으로 이어지는 선순환적인 국내 AI 우주 생태계를 조성하는 것이 중요하다.

대한민국의 우주를 향한 도전은 이제 새로운 지평을 맞이하고 있다. AI라는 강력한 날개를 단 한국의 우주 탐사는 단순한 기술적 성취를 넘어, 인류의 지혜를 넓히고 미래 세대에게 꿈과 영감을 주며, 궁극적으로는 지구와 인류의 지속 가능한 미래에 기여하는 위대한 여정이 될 것이다. 그 길 위에서 한국이 창의적이고 책임감 있는 자세로 인류 전체의 우주 탐사 노력에 동참할 때, 우리는 진정한 의미의 '지능형 우주 강국'으로서 세계 속에 우뚝 설 수 있을 것이다.

참고문헌

과학기술정보통신부(2022). "제4차 우주개발진흥 기본계획".
https://www.msit.go.kr/bbs/view.do?sCode=user&bbsSeqNo=65&nttSeqNo=3017397

한국항공우주연구원. "다누리".
https://www.kari.re.kr/kor/contents/66

안형준

과학기술정책연구원 연구위원이자 우주공공팀 팀장을 맡고 있다. 서울대학교에서 물리교육과 철학을 공부하고, 같은 학교 과학사및과학철학협동과정(현 과학학과)에서 과학철학으로 석사 학위를 받았다. 석사 학위를 마친 뒤 《과학동아》 기자로 활동하던 중, 2006년 한국 최초 우주인 사업에 우주인 후보로 지원하여 최종 30인 후보에 올랐다. 이러한 경험을 바탕으로 미국 유학을 떠나 조지아공과대학에서 과학기술사(우주개발사)로 박사 학위를 받았다. 2015년 귀국 후 과학기술정책연구원 소속으로 우주 정책을 비롯한 거대 공공 과학 기술 정책을 주로 연구하고 있다. 대통령 직속 과학기술전략회의 지원단 자문위원으로 근무했으며, 국가우주위원회 우주개발진흥실무위원회 위원, 과학기술정책연구원(STEPI)의 국가우주정책연구센터 정책연구팀 팀장 등을 지냈다. 현재 우주항공청, 방위사업청, 국방부, 산업부 등 여러 부처의 우주 개발 관련 자문위원으로 활동하고 있다.